Unterrichtstheorie

–

mal praktisch gesehen

Nikolaus Frank und Klaus Zierer

Schneider Verlag Hohengehren GmbH

Titelbild:
© Cherries – Fotolia.com

Layout und Gestaltung:
Lena Kiefer

Bibliografische Information der Deutschen Nationalbibliothek

Die Deutsche Nationalbibliothek verzeichnet diese Publikation in der Deutschen Nationalbibliografie; detaillierte bibliografische Daten sind im Internet über ›http://dnb.dnb.de‹ abrufbar.

ISBN 978-3-8340-1870-0 – **2. unveränderte Auflage**
Schneider Verlag Hohengehren, D-73666 Baltmannsweiler
Homepage: www.paedagogik.de

Printed in Germany. Druck: Format Druck, Stuttgart

Warum dieses Buch?

„Gibt es nicht schon genügend Bücher zur Allgemeinen Didaktik?" Offensichtlich schon, so könnte die Antwort nach einem Blick in die Bibliotheken lauten. Aber die vorhandene Vielzahl entbindet jede Generation nicht von der Aufgabe, den Wissensbestand immer wieder und immer auf`s Neue zu hinterfragen und aufzuarbeiten. Im Laufe unserer Jahre als Lehrpersonen und Universitätslehrende wurde das Bedürfnis immer wieder hervorgerufen, auch einmal eine Theorie des Unterrichts zu schreiben, aber eine Theorie, die, wie der Titel schon zum Ausdruck bringt, die Praxis für den Unterricht als primären Bezugspunkt sieht. Studierende werden in ihrem Studium, oft in den Grundlagenvorlesungen zur Schulpädagogik, zur Allgemeinen Didaktik oder auch zu den Fachdidaktiken mit einer Vielzahl von didaktischen Theorien, Unterrichtskonzeptionen und -prinzipien, Qualitätskriterien für Unterricht u. v. a. m. konfrontiert. Bei den einen führt dies zur Erhellung, bei den anderen zur Verwirrung. Was beide Positionen eint: Der Wunsch nach praktischem Transfer. Vor diesem Hintergrund ist es nicht verwunderlich, wenn Studierende im Praktikum oder Referendarinnen und Referendare nur allzu empfänglich für Bemerkungen sind, wie „Ist doch alles nur Theorie, was ihr da an der Uni hört." Damit wird signalisiert, dass Unterrichtspraxis etwas ganz anderes ist. Und sehr schnell stellt sich auch an der Universität ein Gefühl ein, das die meisten Studierenden nur allzu gut aus ihrer Schulzeit kennen und das der römische Gelehrte Lucius Annaeus Seneca schon vor zweitausend Jahren beschrieb: „Non vitae, sed scholae discimus." Nicht für das Leben, sondern für die Schule lernen wir – und in unserem Fall: Nicht für das Leben, sondern für die Universität lernen wir.

Folgt man dem Humboldtschen Bildungsideal so sind Universitäten längst nicht nur dem wissenschaftlichen Diskurs verpflichtet, sondern auch der Bildung der Menschen. Im Kontext der Lehrerbildung bedeutet dies, dass angehende Lehrpersonen auf dem Weg ihrer Professionalisierung umfassend zu begleiten sind. Unterrichten lernen, zählt hierbei zu einer der wesentlichen Aufgaben. Nahezu jede Lehrperson muss sich durch zahlreiche Erfahrungen und kritische Reflexionen „freischwimmen", bis sie „wahre Meisterschaft" erlangt. Hierfür die Grundlagen zu legen, erste Erfahrungen kritisch-konstruktiv zu begleiten, Theorien zu vermitteln, um Praxis besser verstehen zu können und Praxis zu sammeln, um Theorie besser durchdringen zu können, das ist der Auftrag einer universitären Lehrerbildung.

Bestimmte Rahmenbedingungen strukturieren diese Phase, meist bis ins kleinste Detail. So sind Zeitfenster definiert, der Workload festgelegt und die Gewichtung der beteiligten Fächer ist bestimmt. Der Allgemeinen Didaktik kommt im Rahmen der universitären Lehrerbildung zwar eine feste Rolle zu, aber nur eine kleine. Insofern ist es notwendig, Inhalte wohlüberlegt auszuwählen. Dafür ist eine erhebliche didaktische Reduktion notwendig: Was ist seit Comenius in der Allgemeinen Didaktik so wichtig, dass man es angehenden Lehrkräften unbedingt vermitteln sollte? Und was ist weniger wichtig, dass man es ruhig außen vor lassen kann? Bei diesem Buch, das sich aus langjährigen Vorlesungen für Schulpädagogik und Allgemeine Didaktik entwickelt hat, standen vor allem zwei selektive Faktoren im Vordergrund: der Praxisbezug und die Nachhaltigkeit, wobei der erste Aspekt sicher den zweiten in nicht unerheblichem Maße bedingt. Nachhaltigkeit meint die „Langlebigkeit" einer didaktischen Theorie. Einige haben nur relativ kurzfristig die wissenschaftliche Diskussion bereichert und die Praxis nie wirklich erreicht. Andere prägen die Lehrerausbildung und (mehr oder weniger bewusst) auch die Unterrichtspraxis schon seit vielen Jahrzehnten, wie beispielsweise die Arbeiten von Wolfgang Klafki oder Paul Heimann, Günther Otto und Wolfgang Schulz. Zu bedeutsam erscheinen deren didaktische Theorien, als dass sie guten Gewissens nicht behandelt werden könnten. Ein weiteres Auswahlkriterium für dieses Buch ist die Aktualität. Natürlich sind die eben genannten „alten" Didaktiken immer noch angesagt. Aber es wäre sträflich, vor dem Hintergrund neuerer Entwicklungen im Schulsystem und neuerer Erkenntnisse in der Wissenschaft, andere Ansätze komplett auszuklammern. Die konstruktivistische Didaktik ist in diesem Zusammenhang erwähnenswert, weil sie den Fokus radikal auf den Lernenden lenkt. Die Entwicklungen im Zeitalter der Digitalisierung und den damit verbundenen Möglichkeiten des autonomen, individualisierten Lernens, lässt die informationstheoretisch-kybernetische Didaktik in einem „neuen Licht" erscheinen. In den frühen 1960er Jahren konzipiert, kann man sie eigentlich erst jetzt, z. B. bei der Entwicklung von Lernsoftware, wirklich gut anwenden. Letztendlich mündet die Auswahl in dem Versuch der Integration zentra-

ler Aspekte vorliegender didaktischer Theorien – ein sicherlich zeitloses Unterfangen, mit Möglichkeiten und Grenzen. Dafür steht die Eklektische Didaktik. Nachhaltige Strömungen der Didaktik werden auf das Wesentliche für die Unterrichtsreflexion reduziert und systematisiert.
Ein abschließendes Kapitel widmet sich Qualitätsmerkmalen von Unterricht mit besonderem Fokus auf die Ergebnisse der empirischen Unterrichtsforschung. Als diese kurz nach der Jahrtausendwende als Folge der ersten PISA-Studie in Deutschland eine bisher nie dagewesene „Hochkonjunktur" erlebte, glaubte man wohl so etwas wie den „Stein der Weisen" der Didaktik zu finden, also ein überschaubares Regelwerk für guten Unterricht. Mittlerweile sind die Ergebnisse einer so genannten evidenzbasierten Unterrichtsforschung ähnlich unübersichtlich wie die Vielzahl früherer hermeneutisch entwickelter Unterrichtskonzepte. Deshalb ist es mittlerweile nicht nur notwendig, sondern Bestandteil einer praktischen Unterrichtstheorie, Studierenden einen gewissen Grad an „Lesekompetenz" für die Ergebnisse der empirischen Unterrichtsforschung nahezubringen.

Die einzelnen Kapitel des Buches beginnen immer mit einigen anekdotischen Anmerkungen, die wie ein Unterrichtseinstieg Lust auf das Thema machen sollen. Am Ende jedes Kapitels befindet sich eine „Checkliste", in der die zentralen Begriffe des jeweiligen Themas noch einmal hervorgehoben werden. Dazu sind Leerzeilen für entsprechende Notizen vorgesehen. Dies soll vor allem den Studierenden, die mit diesem Buch arbeiten als zusätzliche Strukturierungs- bzw. Lernhilfe dienen. Um die Weiterarbeit mit dem Buch anzuregen, schließen die einzelnen Kapitel mit einem Aufgabenteil. Dieser enthält Aufgaben auf unterschiedlichen Niveaus, um dem Lernstand entsprechend Herausforderungen bieten zu können. Ziel ist, vom Oberflächenverständnis hin zu einem Tiefenverständnis zu führen.

Wir hoffen, den Leserinnen und Lesern vermitteln zu können, dass Unterrichtstheorie nicht nur trocken, langweilig oder gar überflüssig ist, sondern einen, vielleicht sogar den wichtigsten Teil von Lehrerprofessionalität darstellt. Während früher Theorien im Zentrum akademischer Bildung standen, erfordern moderne, anwendungsbezogene Studiengänge die Verknüpfung von Theorie und Praxis. Zu diesen gehören auch die Lehramtsstudiengänge. Handlungskompetenz in der Schule kann sich nur in der dialektischen Reflexion von Erfahrung und theoretischem Wissen entwickeln. Dies ist „selbst" in handwerklichen Berufen mittlerweile Standard, wo vor allem in Berufs- oder Meisterschulen die theoretischen Grundlagen vermittelt werden. Ohne eine fundierte didaktisch-theoretische Bildung gingen dem Lehrerberuf wesentliche Merkmale von Professionalität verloren. Unterrichten würde auf das Niveau eines intuitiven Herumprobierens reduziert, ohne die Handlungen wissenschaftlich begründen zu können. Man stelle sich dies einmal in anderen Disziplinen, z. B. in der Medizin vor. Didaktische Theorien verdeutlichen nicht zuletzt den Unterschied zwischen einer Lehrerqualifikation in vergangenen Jahrhunderten und in der Gegenwart. Sie transferieren die Erkenntnisse verschiedener wissenschaftlicher Disziplinen, die Lehrpersonen früher gar nicht zur Verfügung hatten, auf Schule bzw. Unterricht, und diese Anwendung wissenschaftlicher Forschungsresultate ist in allen Berufen ein wesentlicher Faktor der Weiterentwicklung von Professionalität.

Augsburg, im April 2018

Nikolaus Frank und Klaus Zierer

Inhaltsverzeichnis

Unterrichtstheorien – wozu?

WARUM ICH DIESES KAPITEL LESEN SOLLTE?

In den Köpfen von Lehramtsstudierenden kursiert häufig die nicht ganz unbegründete Vorstellung, dass Unterrichtstheorien „trocken“ und langweilig seien. Das liegt aber nicht unbedingt an den Theorien selbst, sondern an ihrer Darstellungsweise. Unterrichtstheorien unterscheiden sich von vielen anderen wissenschaftlichen Theorien dadurch, dass sie nicht „nur“ einen komplexen Sachverhalt erklären wollen, sondern auch Hilfestellung für die Unterrichtsplanung und -durchführung praktizierender, besonders junger, Lehrpersonen geben wollen. In diesem Kapitel wird darüber nachgedacht:

- **Warum man Unterrichten lernen muss.**
- **Wozu wir überhaupt Unterrichtstheorien brauchen.**
- **Von welchen Bezugswissenschaften die Allgemeine Didaktik beeinflusst wird.**

Unter Lehramtsstudierenden, und dies ist vielen auch bewusst, werden die doch teilweise sehr unterschiedlichen Inhalte ihres Studienfaches mehr oder weniger gewichtet. Für die meisten stehen die fachwissenschaftlichen Inhalte im Vordergrund. Dies hat zum einen quantifizierbare Gründe, weil die Fachwissenschaften, zumal beim Lehramt für das Gymnasium, zeitlich den mit Abstand größten Anteil des Studiums ausmachen. Zum anderen, und da kommen wir zu der subjektiven Komponente der Gewichtung, hat es qualifizierbare Gründe, denn die fachwissenschaftlichen Inhalte sind schon oft der entscheidende Faktor bei der Studienwahl. Für so manchem steht also gar nicht der Lehrerberuf an erster Stelle, sondern das Interesse für Geschichte, Englisch oder Mathematik. Die letztendliche Entscheidung für den Lehrerberuf wurde dann vielleicht aufgrund von Sekundärmotiven wie Beschäftigungsmöglichkeiten, Beamtenstatus oder Arbeitszeiten getroffen. Es ist nicht von der Hand zu weisen, dass dadurch die Motivation einer Professionalisierung als Lehrperson (d. h. die pädagogische und didaktische Qualifikation) in den Hintergrund treten kann. Dazu kommt noch, dass die Fachwissenschaften sowohl von den quantitativen als auch qualitativen Ansprüchen viel Arbeitsenergie binden. Des Weiteren gibt es nicht wenige unter den Studierenden, die glauben, dass es um unterrichten zu können, schon reicht, selbst in der Schule gewesen zu sein oder irgendwie ein Naturtalent zu haben. Solche Naturtalente gibt es tatsächlich und die meisten Lehrerinnen und Lehrer kennen eine solchermaßen „begnadete“ Person im Kollegium. Aber auch hier gilt: Ausnahmen bestätigen die Regel. Nur die wenigsten von uns werden zur erfolgreichen Lehrperson geboren. Die meisten von uns müssen sich auf den Weg der Professionalisierung begeben, der nicht immer einfach und schon gar nicht fehlerfrei verläuft.

Dass eine mehr oder weniger ausgeprägte Berufung zur Lehrerin/zum Lehrer die Seltenheit ist, hat bereits vor ca. 400 Jahren ein calvinistischer Bischof aus Böhmen mit dem Namen *Jan Amos Komensky (Comenius)*, erkannt und seine Didactica Magna geschrieben, auf Deutsch: die Große Lehrkunst.

Johann Amos Comenius (1592 – 1670)

Er hat damit etwas Fundamentales aufgezeigt, nämlich, dass es für die Ausübung des Lehrerberufs ganz spezifischer Kompetenzen bedarf, die über das Fachwissen hinausgehen. Dies entzieht sich aber weitgehend nicht nur dem Bewusstsein der Öffentlichkeit, sondern auch nicht wenigen Lehramtsstudierenden. Wenn Lehrpersonen Kompetenzen zugesprochen werden, dann viel öfter hinsichtlich ihrer fachwissenschaftlichen Kenntnisse als ihrer didaktischen oder pädagogischen. So wird beispielsweise Mathematiklehrkräften vor allem wegen ihrer mathematischen Kenntnisse ein hoher Respekt entgegengebracht und nicht weil sie der Zunft der Pädagogen angehören. Hier scheint in den Köpfen die simple Devise zu kursieren: Wer etwas weiß, kann auch lehren. Dies funktioniert aber nicht einmal, wenn man Unterricht auf reines Belehren, also sozusagen Frontalunterricht in seiner eigentlich längst obsoleten Primitivform betreibt, wie eben schon vor 400 Jahren Comenius verdeutlichen wollte.

Seitdem hat sich im wissenschaftlichen Diskurs über Lernen und Lehren viel getan. Nicht nur, dass es die Pädagogik und Didaktik, später dann die Schulpädagogik als universitäre Disziplin gibt, sondern es sind auch eine Menge Bezugswissenschaften für diese entstanden. Mittlerweile umspannen diese ein ganzes Geflecht an Wissenschaften mit unterschiedlichen Schwerpunkten und Zugangsweisen.

- Beispielhaft sei die Psychologie genannt, die in ihren verschiedenen Teildisziplinen (Pädagogische Psychologie, Lernpsychologie, Kognitionspsychologie, Entwicklungspsychologie usw.) eine Vielzahl an Erkenntnissen zu den Vorgängen des Lernens, genauer des Wahrnehmens, Verstehens, Behaltens oder der Motivationsentwicklung liefert. Besondere Bedeutung gewinnt in diesem Zusammenhang und vor dem Hintergrund der aktuellen Inklusionsbestrebungen die Klinische Psychologie und Medizin für die Lehrerbildung, um die Lernsituation von Schülerinnen und Schülern mit kognitiven, physischen oder psychischen Besonderheiten verstehen zu können. Und nicht zuletzt hat die in den letzten Jahren an Bedeutung zunehmende Neurowissenschaft die Schulpädagogik mit zum Teil neuen, zum Teil bestätigenden empirischen Befunden beeinflusst und z. B. aufgezeigt, durch welche Faktoren in der Lernumwelt Lernprozesse physiologisch negativ oder positiv beeinflusst werden.
  Während die Psychologie den Fokus auf die Einzelperson lenkt, betrachtet die Soziologie die Zusammenhänge von gesellschaftlichen Vorgängen und ihren Auswirkungen auf das (schulische) Verhalten. Damit hilft sie Bildungsprozesse vor dem Hintergrund komplexer Interaktionszusammenhänge zu erklären und verstehen z. B. den bedeutsamen und komplexen Einfluss der Milieuzugehörigkeit auf den Schulerfolg.
- Auch auf den Einzelnen, aber weniger im Hinblick auf das Lernen als solches, sondern im Hinblick auf die Besonderheit des Menschen im Vergleich zu allen anderen Lebewesen liefert die Anthropologie Erkenntnisse, um das Leben, das Verhalten und das Lernen von Menschen zu verstehen. Was hat es mit Vertrauen auf sich? Inwieweit unterliegt der Mensch seinem evolutionären bzw. genetischen Erbe und welche Konsequenzen ergeben sich daraus für Erziehung und Unterricht?
- Und schließlich ist die Philosophie zu nennen, die als Mutter aller Wissenschaften auch heute noch maßgeblich für die Pädagogik und Didaktik ist – auch wenn man angesichts der Vermessung der Bildungslandschaft den Eindruck bekommen kann, als seien Fragen nicht mehr so wichtig wie Antworten. Aber allein darüber nachzudenken, was Kinder und Jugendliche wann lernen sollen, wie ein Schulsystem zu gestalten ist, warum Inklusion und Nachhaltigkeit Zukunftsthemen sind, wieso eine Ökonomisierung von Bildung inhuman ist – all das entspringt dem Kontext eines philosophischen Denkens, ohne den Pädagogik und Didaktik nicht entwickelt werden kann.

Nicht erst seit der konstruktivistischen Didaktik, sondern bereits im positiv verstandenen Utilitarismus steht die Frage im Zentrum: Wofür ist für mich als Individuum ein bestimmter Lernprozess gut, sinnvoll, nützlich? Genau diese Frage stellen sich nicht nur viele Schülerinnen und Schüler Woche für Woche, sondern ebenso Lehramtsstudierende beim Studium – und nicht zuletzt im Hinblick auf Unterrichtstheorien, die seit jeher fester Bestandteil von Curricula für die Lehrerbildung sind.

Oftmals können sie sich dann noch im Praktikum anhören, dass Unterrichtstheorien sowieso sinnlos seien und nichts mit dem Schulalltag zu tun haben. In Wirklichkeit handeln aber auch die Lehrkräfte, die dies behaupten, nach den Regeln und Prinzipen, die in Unterrichtstheorien angesprochen werden – nur ist es ihnen (überhaupt nicht mehr) bewusst.

Ein Grund für dieses Problem liegt in den zwei Zielen, die Lehrerbildung verfolgt: Zum einen geht es darum, berufspraktische Kompetenzen zu vermitteln. Zum anderen geht es aber auch darum, die Studierenden in wissenschaftliches Denken bzw. Arbeiten einzuführen. Letzteres steht bei anderen universitären Studiengängen absolut im Zentrum (z. B. in Philosophie, Soziologie, Literaturwissenschaft oder den Naturwissenschaften) und wird auch von den Studierenden nicht in Frage gestellt, sondern angestrebt. Und dennoch gibt es mittlerweile eine Menge (vermutlich sogar die meisten) Studiengänge, die wissenschaftliche mit praktischer Ausbildung verbinden, so z. B. die Ingenieurwissenschaften, Betriebswirtschaftslehre oder Medizin. An letzterem Beispiel lässt sich besonders gut veranschaulichen, dass praktisches Arbeiten ohne theoretisches Wissen nicht wirklich funktioniert. Medizinstudenten müssen sich zunächst eine Menge solchen Wissens aneignen: Anatomie, Physiologie, Biochemie und Biophysik, Pathologie, klinische Mikrobiologie usw., ohne dass diese Kenntnisse in unmittelbaren Handlungskompetenzen resultieren. Aber ohne sie könnte kein Arzt vernünftig diagnostizieren oder therapieren. Wer möchte sich schon von einem Chirurgen operieren lassen, der keine Ahnung von der Anatomie des zu behandelnden Körperteils hat oder sich nicht die physiologischen Folgen davon vorstellen kann, wenn er irgendetwas durchtrennt oder gar entfernt?

Im Prinzip ist es im Unterricht nicht anders. Zugegeben sind die Folgen nicht unbedingt lebensbedrohlich, wenngleich im übertragenen Sinn eine Bedrohung des Lebens die Folge sein kann. Man denke an ein Kind oder einen Jugendlichen, der aufgrund von Schulangst schwerwiegende seelische Störungen vielleicht sogar mit Suizidgefahr entwickelt oder dem durch inkompetente Lehrpersonen Lebenschancen verstellt werden All dies ist leider nicht so selten. Wenn wir nicht nur „irgendwie" Unterricht machen wollen (vergleichbar einem Arzt der irgendwie planlos irgendwelche Therapien ausprobiert), dann müssen wir eine Menge darüber wissen, wie Lernen funktioniert und wie wir dieses Lernen im Unterricht so gut wie möglich unterstützen. Dabei helfen neben den schon erwähnten Kenntnissen aus Psychologie, Neurowissenschaft, Soziologie, Antropologie etc. auch und vor allem Unterrichtstheorien:

Eine Theorie versucht widerspruchsfrei und verallgemeinerbar die Zusammenhänge eines Wirklichkeitsbereichs zu beschreiben. Damit reduziert sie die Komplexität der Wirklichkeit auf wesentliche Aspekte und fasst diese in Aussagen zusammen. Diese Aussagen stellen Hypothesen dar, die stets verifiziert oder falsifiziert werden können. Insofern sind sie grundsätzlich veränderbar, weil es neue wissenschaftliche Erkenntnisse gibt oder sich der Wirklichkeitsbereich, auf den sie sich beziehen, weiterentwickelt hat.

Dass Unterricht ein komplexer Wirklichkeitsbereich ist, zeigt sich vor allem in der Schwierigkeit, die sich eigentlich bei allen didaktischen Theorien offenbart, die wesentlichen Faktoren des Unterrichts in einer Theorie unterzubringen. Unter anderem resultiert daraus das Phänomen, dass es immer wieder neue Versuche gibt, mit Hilfe einer Theorie den Unterricht zu erklären. Allein die Vielzahl didaktischer Theorien, die im 20sten Jahrhundert entstanden ist, hat in der Vergangenheit so manchen Lehramtsstudierenden ebenso wie den einen oder anderen Erziehungswissenschaftler demotiviert. Letztendlich taucht dann wieder die Frage auf: Welche Theorie nützt mir wirklich etwas für meine Handlungskompetenz als Lehrkraft? Viele Theorien sind sehr komplex – den Praktikern meist viel zu komplex, den Wissenschaftlern können sie manchmal gar nicht komplex genug sein: Viele akademisch arbeitende Pädagogen würden mit ihren didaktischen Theorien am liebsten bei Sokrates anfangen und sich über die Scholastiker des Mittelalters dann irgendwie zur Aufklärung und über Hegel und Humboldt bis in die Gegenwart vorarbeiten. Die Kritiker dieses Ansatzes fragen dann, was all diese alten Herren und in der jüngeren Vergangenheit auch immer mehr Damen denn davon wussten, welches Lernverhalten eine pubertierende 9. Klasse am Anfang des dritten Jahrtausends zeigt. Wo lässt sich folglich sinnvoll anfangen und wo aufhören? Welche Unterrichtstheorien sind es wert, dass sie gelernt und gelehrt werden?
Nicht selten werden die Begriffe didaktische Theorie und didaktisches Modell synonym verwendet. Dennoch ist dies nicht dasselbe.

Didaktische Modelle sind in Form von Abbildungen und Schemata bewusst reduzierte Darstellungen einer Unterrichtstheorie.

Didaktische Theorien haben zwei primäre Funktionen: Sie dienen erstens der Planung und zweitens der Analyse von Unterricht, mit dem Ziel, Unterricht zu verbessern und zu optimieren. Sie konzentrieren sich in ihrer Reichweite insofern auf das Lehren und Lernen, auf den Unterricht in allen möglichen Kontexten. Damit ist der Bogen gespannt zum zweiten Begriff, der in diesem Buch von zentraler Bedeutung ist: Was ist eigentlich Unterricht?

„Unterricht – kenn' ich, hab' ich lange genug selbst genossen. Das geht so: Du kommst rein, begrüßt die Schüler, fragst, was wir letzte Stunde gemacht haben, sagst, was heute d`ran kommt und erklärst es ihnen ausführlich. Dann übst du es mit ihnen, fragst nach, ob sie es verstanden haben, lässt sie selbst noch` was dazu sagen, und dann ist die Stunde auch schon rum. Zum Schluss gibst du ihnen noch eine Hausaufgabe auf." (Lehramtsstudentin im 1. Semester, zit. n. Wiater 2011, S. 12)

Dieses naive Bild von Unterricht ist nach wie vor eher die Regel als die Ausnahme und basiert natürlich auf einer erdrückenden Dominanz entsprechender Erfahrungen. Naiv ist diese Vorstellung deswegen, weil ein so verstandener Unterricht alles andere als professionell ist. Um die Problematik noch etwas zu veranschaulichen, folgender Vergleich mit der Tätigkeit eines Profifußballtrainers:

Er kommt auf den Sportplatz, lässt die Spieler ein paar Mal zum Aufwärmen um das Spielfeld rennen, dann lässt er zwei Mannschaften wählen und erteilt jeder den Auftrag, den Ball solange hin und her zu kicken, bis er im gegnerischen Tor ist. Dazwischen brüllt er noch ein bisschen herum, um die Spieler zu motivieren und ihnen ein paar kluge Ratschläge zu erteilen und am Schluss nennt er die Mannschaftsaufstellung für das nächste Punktspiel.

So ein Fußballtraining gibt es zwar auch, aber es bringt genauso wenig wie ein Unterricht, den die Lehramtsstudentin skizziert. Was mit diesen Beispielen verdeutlich werden sollte: Unterricht ist weder einfache Weitergabe von Wissen (Belehren), noch läuft Unterricht nach heutigem Verständnis immer nach dem gleichen Muster ab.

Unterricht ist ein institutionalisierter, weitgehend planmäßiger, interpersonaler, erzieherischer und professionalisierter Prozess. Ziel ist es, Lernende umfassend und nachhaltig in ihrer Persönlichkeitsentfaltung zu unterstützen und Bildungshilfe zu leisten.

Über diese allgemeine Definition hinaus versuchen didaktische Theorien konkrete Hilfen zur Planung und Analyse von Unterricht zu liefern. Wie gut dies gelingt, lässt sich vor allem daran erkennen, wie „langlebig" solch eine Theorie und ihr Modell ist. Dieser Sachverhalt lässt sich mit dem Showgeschäft vergleichen. Da gibt es „Eintagsfliegen" und eben solche, die nach mehreren Jahrzehnten immer noch erfolgreich auf der Bühne stehen.
Auch unter den didaktischen Theorien gab es in den letzten 50 Jahren einige, die nur wenige Jahre in der wissenschaftlichen Diskussion waren und in der Schulpraxis nie richtig Fuß fassen konnten. Das lag nicht unbedingt daran, dass sie schlecht waren, sondern dass sie vielleicht schwer mit unserem Regelschulsystem kompatibel gemacht werden konnten. Andere sind bereits seit einem halben Jahrhundert bei tausenden von Lehrkräften mehr oder weniger bewusst im Gebrauch. Vor allem diese erlangen den Status von Klassikern und werden deshalb im Rahmen des vorliegenden Buches detaillierter betrachtet.

Checkliste

Zentrale Begriffe, die Sie kennen sollten!

- Didaktische Theorie

- Didaktisches Modell

- Unterricht

- Planungs- und Analysefunktion

Aufgaben

Testen Sie Ihr Können!

- Niveau 1: Grenzen Sie die Begriffe „Theorie" und „Modell" voneinander ab.

- Niveau 2: Die Schulpädagogik erhält heute viele Anregungen und Argumente aus anderen Wissenschaften. Nennen Sie mindestens fünf davon und erklären Sie deren Bedeutung für Schule und Unterricht.

- Niveau 3: Die Lehrerausbildung beruht auf einer wissenschaftlich-theoretischen und einer praktischen Säule. Erklären Sie, warum beide Faktoren für den Lehrerberuf wichtig sind.

Wolfgang Klafki zum Ersten: Die Bildungstheoretische Didaktik

WARUM ICH DIESES KAPITEL LESEN SOLLTE?

Diese didaktische Theorie ist nun 60 Jahre alt und immer noch weitaus bekannter als viele andere, die deutlich später entstanden sind. Allein dies sollte schon neugierig machen, denn die anhaltende Popularität hat natürlich einen Grund. Klafki fokussiert in seiner ersten Theorie die Auswahl der Unterrichtsinhalte, die nicht beliebig sein darf. Die Attraktivität des Unterrichtsthemas bzw. -inhalts ist in großem Maße ausschlaggeben für den Verlauf des Unterrichts und letztendlich der Lerneffizienz. Mit dem Bedeutungsgehalt eines Unterrichtsthemas für die Schülerinnen und Schüler steht und fällt deren Interesse bzw. Lernmotivation. Bei einem für die Lernenden interessanten Unterrichtsinhalt gehen methodische Schwächen weit weniger zu Lasten der Lerneffizienz als umgekehrt eine methodisch gut konzipierte Unterrichtsstunde, deren Inhalt aber für die Schülerinnen und Schüler sinnlos und deshalb langweilig erscheint, mit anderen Worten also wenig zum Lernen anregt. Dieses Kapitel befasst sich vor allem mit den Fragen,

- was ist Allgemeinbildung?
- wie wird Unterricht zu Bildung?
- nach welchen Kriterien müssen Unterrichtsinhalte ausgewählt werden, damit sie bei den Lernenden Interesse wecken?

Wolfgang Klafki (1927 - 2016)

1958 veröffentlichte *Wolfgang Klafki* in der Zeitschrift „Die deutsche Schule" einen Aufsatz mit dem Titel „Didaktische Analyse als Kern der Unterrichtsvorbereitung" (In: Die deutsche Schule, H. 10, 1958, S. 450 – 471; wiederabgedruckt in Arnold und Zierer, 2015 ...) Nicht nur für ihn ein Meilenstein, sondern für die Theoriebildung der Allgemeinen Didaktik bis heute.

Klafki war der geisteswissenschaftlichen Pädagogik verbunden. In den „Fußstapfen" seiner akademischen Lehrer Theodor Litt und Erich Weniger befasste er sich intensiv mit dem Bildungsbegriff. Dieser ist nach wie vor zentral in der schulpädagogischen Diskussion, denn Schülerinnen und Schüler sollen in der Schule nicht nur Wissen erwerben, sondern in all ihren Möglichkeiten gefördert werden. Dabei ist nicht zuletzt bedeutsam, was man weiß, sondern wie man das, was man weiß, für sein Leben sinnvoll einsetzen kann. Allerdings wird der Bildungsbegriff sowohl im alltäglichen Sprachgebrauch als auch in der wissenschaftlichen Diskussion ziemlich diffus gehandhabt.

Typisch für diese Problematik ist die Diskussion, die einmal zwei Studierende in einem Uni-Seminar auslösten. Die Lehramtsstudierende für Gymnasium sagte mit dem Brustton der Überzeugung: „Ich habe das Latinum, deswegen bin ich gebildet." Der Lehramtsstudierende für Mittelschule entgegnete darauf mit unverkennbar zynischem Unterton: „Und ich kann mein Auto selbst reparieren, deswegen bin ich gebildet."

Lehrpläne grenzen in der Regel die Auswahl der Unterrichtsinhalte durch Vorgaben ein, aber nehmen sie den Lehrkräften nicht gänzlich ab. Es bleiben immer noch inhaltliche Entscheidungsspielräume hinsichtlich der Gewichtung bestimmter Themen. Genau hier sah Klafki ein großes Problem. Vielleicht hatte er schon als Schüler die Erfahrung gemacht, die eigentlich jeder kennt, der im Fachlehrersystem einer Realschule oder des Gymnasiums unterrichtet wurde: Jeder Lehrer, der das Klassenzimmer betritt, ist davon überzeugt, dass sein Fach das wichtigste ist. Dann wird versucht in 45 Minuten so viel Stoff wie möglich unter die Schüler zu bringen, weil man eigentlich viel zu wenig Zeit für all die wichtigen Dinge hat, die junge Menschen lernen sollten. Während sie einerseits Stofffülle beklagen, fällt ihnen andererseits noch jede Menge ein, was in ihrem Fach noch gelernt werden müsste. Vieles, was

die Lehrkraft aufgrund ihrer „Fachblindheit" als Allgemeinbildung betrachtet, ist für Schüler (und andere Nichtfachleute) eher schon Expertenwissen.
Hier setzte Klafki bei dem o. g. Aufsatz an, der ihn in Fachkreisen sehr schnell bekannt machte. Darin ist der Gedanke zentral, dass Schule ein Ort der Bildung sein soll. Aber was lässt sich unter Bildung verstehen? Das Problem war und ist, dass den schulisch auswählbaren Bildungsinhalten eine unüberschaubare und stetig wachsende Menge an Kulturgütern zugrunde liegt.

Klafkis Entwurf, der aufgrund seiner Fokussierung auf den Bildungsbegriff als bildungstheoretische Didaktik bekannt ist, ging zunächst von zwei, damals verbreiteten Aspekten eines Bildungsverständnisses aus:

- dem objektorientierten Aspekt, als *materiale Bildung* bezeichnet, der die Erschließung von Wissen betont.

- dem subjektorientierten Aspekt, als *formale Bildung* bezeichnet, der Fähigkeiten und Fertigkeiten zur Entfaltung der Persönlichkeit, dem besseren Weltverstehen und zur Lebensbewältigung hervorhebt.

Der besondere Verdienst Klafkis ist es, darauf hinzuweisen, dass keine dieser beiden Formen allein wirklich Bildung ausmacht, sondern dass sich beide dialektisch ergänzen müssen. Dieses dialektische Verhältnis bezeichnet er als *kategoriale Bildung*. Demzufolge ist Bildungsvorgang eine doppelseitige Erschließung der Welt, indem sich der Mensch die Welt erschließt und von der Welt erschlossen wird. Formale Bildung basiert also auf materialer Bildung und materiale Bildung bezieht sich auf formale Bildung. Anders ausgedrückt: Die Erschließung von Wissen erfordert bestimmte Fähigkeiten und Fertigkeiten, die wiederum durch angeeignetes Wissen weiterentwickelt werden. Bald nach dem Erscheinen seines Artikels wurde Klafki dafür kritisiert, dass seine didaktischen Überlegungen zu sehr auf den Inhalt der Unterrichtsstunde fokussieren. Zweifelsfrei war ihm bewusst, dass Unterricht aus viel mehr besteht. Was er allerdings postulierte, war eine Chronologie der Unterrichtsplanung, an deren Anfang die bildungstheoretischen Überlegungen im Hinblick auf Ziele und Inhalte des Unterrichts stehen. Vor diesem Hintergrund ist auch sein Verständnis von Didaktik und sein daraus abgeleitetes Primat der Didaktik vor der Methodik zu verstehen: „Übernimmt man für alle auf die Inhaltlichkeit, auf das »Was« des Unterrichts und der Bildung gerichteten gedanklichen Bemühungen den Begriff Didaktik (- in Abhebung von der auf das »Wie« gerichteten Methodik -), so kann man die erste Aufgabe des sich vorbereitenden Lehrers als die didaktische Analyse bezeichnen" (Klafki 1958, S. 453). Klafki unterschied Didaktik und Methodik. Die inhaltlichen auf Unterricht und auf Bildung bezogenen Überlegungen bezeichnet er als didaktische Analyse, was für ca. ein halbes Jahrhundert zum Terminus technicus für diesen Vorgang wurde.

Grundsätzlich kann jegliche „Sache", jedes Phänomen oder Problem zum Lerngegenstand und damit zum Bildungsinhalt werden. So sind viele zwar auf dem Hintergrund ihres jeweiligen Bildungsverständnisses in der Lage, (sehr allgemein gehalten) Ziele von Schulbildung zu nennen (Weltverstehen, Handlungsfähigkeit, Entfaltung der Persönlichkeit, Werteorietierung usw.), aber nicht immer können sie konkret ausführen, welcher potenzielle Bildungsinhalt auch einen *Bildungsgehalt* habe. Man kann somit auch unnütz und sinnfrei lernen – was viele dann nicht freiwillig tun[1], was dann häufig zu einem schlecht motivierten Lernprozess führt.

Klafki weist darauf hin, dass der Bildungsgehalt immer auch vor dem Hintergrund einer individuellen oder zumindest gruppenspezifischen Sichtweise entsteht. So kann ein bestimmter Schriftsteller für den Einen fraglos ein wesentlicher Bestandteil der tradierungswürdigen Kultur sein, während ein Anderer diesen eher als „Angriff" auf die Kultur betrachtet. Der Bildungsgehalt kann vor dem Hintergrund eines gemeinsamen Bildungsgangs (z. B. auf dem humanistischen Gymnasium) gesehen werden oder dem sozialen Milieu oder einer spezifischen Berufsgruppe. Dabei kann man Lehrerinnen und Lehrer nicht als homogene Berufsgruppe betrachten. So stellt sich der Bildungsgehalt von bestimmten Sachverhalten für Mittelschullehrpersonen anders dar als für ihre Kollegen vom Gymnasium und selbst diese sind diesbezüglich keine homogene Gruppe. So wird sicher auch die Mathematiklehrkraft nicht in Frage stellen, dass Schüler etwas über Mozart oder Goethe wissen sollten, aber es erschließt sich nicht jedem, warum man in der

siebten oder achten Klasse Smetanas „Moldau" oder Ravels „Bolero" bis in die letzte Achtelnote zerlegen oder wochenlang eine Kurzgeschichte von Wolfgang Borchert analysieren muss, und dies ist auch sicher oft nicht dem Interesse an sog. klassischer Musik oder anspruchsvoller Literatur förderlich.
Auch die unterschiedliche berufsspezifische Biographie kann selbst bei Lehrkräften eines bestimmten Faches schon zu einer sehr unterschiedlichen Sichtweise auf den Bildungsgehalt eines Sachverhaltes führen.
Bevor Klafki die fünf berühmt gewordenen Fragen seiner didaktischen Analyse formuliert, konstatiert er grundsätzlich zum Bildungsgehalt eines Sachverhalts: „Es charakterisiert einen Bildungsinhalt, dass er als einzelner Inhalt immer stellvertretend für viele Kulturinhalte steht[2] ; immer soll ein Bildungsinhalt Grundprobleme[3], Grundverhältnisse[4], Grundmöglichkeiten[5], allgemeine Prinzipien[6], Gesetze, Werte, Methoden[7] sichtbar machen. Jene Momente nun, die solche Erschließung des Allgemeinen im Besonderen oder am Besonderen bewirken, meint der Begriff des Bildungsgehaltes" (a. a. O., S. 456, Fußnoten d. Verf.). Klafki konkretisiert die damit verbundene und notwendige Reflexion des Bildungsgehalts mit fünf didaktischen Grundfragen:

1. Welche Bedeutung hat der betreffende Inhalt bereits im geistigen Leben der Kinder meiner Klasse bzw. welche Bedeutung sollte er haben?

Der erste Teil der Frage meint, ob die Lernenden schon anderweitig mit dem Inhalt konfrontiert worden sind (z. B. durch die Medien, durch die Eltern). Daraus leitet sich auch die Sekundärfrage ab, ob dieser Inhalt nicht nur schon mehr oder weniger gut bekannt ist oder ob er auch eine Bedeutung für die Lernenden hat. Letzteres ist sehr wichtig für die Lernbereitschaft, die Lernmotivation. Für Sachverhalte, die uns als unwichtig erscheinen, sind wir in der Regel nicht bereit irgendwelche (Lern-)Energie aufzuwenden. Werden Lernende dennoch gezwungen, für sie scheinbar Unwichtiges zu lernen, fällt die Lerneffizienz weniger nachhaltig aus. Beim zweiten Teil der Frage gilt es aus der Verantwortung der Lehrkraft zu prüfen, inwieweit durch den Inhalt Grundlegendes für das Weltverstehen und die Lebensbewältigung bereits im Hier und Jetzt der Lernenden vermittelt wird.

2. Worin liegt die Bedeutung des Inhalts für die Zukunft der Kinder?

Hier liegt die Herausforderung darin zu klären, ob die Bedeutung dieses Inhalts den Lernenden schon bewusst ist oder ob sie ihnen eröffnet werden muss und kann: „Warum sollen wir das eigentlich lernen", ist eine typische Schülerfrage. Oft wird von den Lehrerinnen und Lehrern in diesem Zusammenhang auf die Lehrpläne verwiesen. Dabei sind diese häufig nicht das Problem, sondern das, was fachlich übermotivierte Lehrpersonen daraus machen. Außerdem wäre es notwendig, dass Lehrkräfte ihre Schul- bzw. Fachzentrierung verlassen und darüber reflektieren, was wirklich zur Lebensbewältigung außerhalb der Schule notwendig ist. Über vielen Portalen altehrwürdiger humanistischer Gymnasien prangt noch heute der Vers „non scholae, sed vitae discimus"[8]. Dieser Vers wird auf den römischen Philosophen Lucius Annaeus Seneca zurückgeführt. In Wirklichkeit hat er diesen Slogan vor ziemlich genau 2000 Jahren aber sinngemäß umgekehrt und insofern ironisch formuliert: „non vitae, sed scholae discimus".[9] Also offensichtlich gab es auch schon im alten Rom das Phänomen, dass Unterricht wenig Gegenwarts- bzw. Zukunftsbezug aufwies.

3. Welches ist die Struktur des Inhalts?

In diesem Zusammenhang ist zu klären, ob der Inhalt eine bestimmte logische Abfolge vorgibt (wie z. B. die chronologische Reihenfolge bei historischen Sachverhalten oder in der Geometrie von der Flächenberechnung zum Volumen). Darüber hinaus ist mit Blick auf die Lernenden die Qualität der inhaltlichen Struktur zu reflektieren. Also: Wie komplex ist die Struktur und ist sie von den Lernenden einer bestimmten Altersgruppe bzw. Schulform zu verstehen?
Auf diesem Weg lässt sich sicherstellen, dass der Bildungsgehalt eines Bildungsinhaltes offengelegt wird. Stellt sich dabei heraus, dass die Darbietung des Sachverhaltes strukturell vereinfacht werden muss, spricht Klafki von didaktischer Reduktion: Wie kann ich einen scheinbar sehr schwierigen Inhalt für meine

Schülergruppe verständlich machen? Das physikalische Gesetz der Impulserhaltung macht für durchschnittliche Viert- oder Fünftklässler als mathematische Formel wenig Sinn. Man kann allerdings auch solch jungen Lernenden dessen Wirkung und Bedeutung z. B. mit Hilfe eines Kugelstoßpendels erklären, das viele der Kinder als Deko-Gegenstand kennen.
Eine weitere der Struktur immanente Frage besteht darin, was Klafki als *Sinn- und Bedeutungsschichten* bezeichnet: Wenn ich z. B. im Unterricht den Klimawandel durchnehme, enthält diese Thematik eine Vielzahl von wissenschaftlichen Fakten (geogeschichtlich, geographisch, meteorologisch, physikalisch-technisch, letztlich aber auch gesellschaftlich-ethische Fragen), so dass der Unterricht Fakten vermittelt, aber auch im Sinne von Erziehung und Bildung eventuell auf Einstellungs- und Verhaltensänderungen abzielt. Erneut spielt die Unterscheidung von formaler und materialer Bildung eine Rolle, die im dialektischen Verhältnis zu einer kategorialen Bildung werden.

4. Welchen allgemeinen Sachverhalt, welches allgemeine Problem erschließt der Inhalt? Oder: Wofür sollte das geplante Thema exemplarisch, repräsentativ, typisch sein?

Bei Diskussionen über den Umfang der Schulbesuchszeiten (z. B. G8 oder G9) wird häufig ersichtlich, dass das eigentliche Problem die Stofffülle darstellt. Die wachsende Quantität und Weiterentwicklung unserer Kultur führt zu dieser ebenso wie der Drang alles, was bereits vorhanden ist, in den Curricula zu belassen. Häufig wird dabei übersehen, dass selbst mit 13 Jahren Schule und einem bis auf die letzte Unterrichtsminute ausgefüllten Lehrplan den Lernenden nur ein winziger Bruchteil dessen vermittelt wird, was an möglichen Bildungsinhalten in unserer Welt vorhanden ist. Deswegen, so Klafki, müssen wir beispielhaft auswählen: die Stockente für Wasservögel, ein Gedicht von Novalis und ein Lied von Franz Schubert oder ein Bild von Spitzweg als Beispiele für Romantik, ein paar typische Sätze für If-Clauses usw.
Zentral beim Begriff der *Exemplarizität* ist die *Transferierbarkeit*. Die beim Unterrichtsinhalt gewonnenen Kenntnisse, Einsichten, Wertvorstellungen und Arbeitsmethoden sollen im weiteren Lebens- und Lernprozess immer wieder fruchtbar werden und anwendbar sein. Im Sportunterricht eine ganz spezielle Technik zu lernen, mag für einzelne Schülerinnen und Schüler interessant sein, hat aber nur einen Bildungsgehalt, wenn es die motorische Fertigkeit allgemein schult bzw. zur Freude am Sport beiträgt.

5. Welches sind die besonderen Fälle, Phänomene, Situationen, Versuche, in oder an denen die Struktur des jeweiligen Inhalts den Kindern dieser Bildungsstufe, dieser Klasse interessant, frag-würdig, zugänglich, begreiflich, „anschaulich“ werden kann?

Als Weiterführung aller bisher reflektierten Fragen geht es im letzten Schritt der didaktischen Analyse darum, bei den Lernenden eine Fragestellung zu entwickeln, aus der letztlich Interesse, Motivation und somit der „Motor des Unterrichtsverlaufes“ (Klafki 1958. S.461) entsteht. Auf die Frage, wie dies erreicht werden kann, erklärt Klafki (a. a. O.): „Indem ich eine ursprüngliche menschliche Situation schaffe, indem ich tote Sachverhalte in lebendige Handlungen rückverwandle, aus denen sie ursprünglich entstanden sind.“ Insofern müssen beispielsweise historische Ereignisse i. S. Klafkis nicht nur wieder lebendig werden – wie dies in Dokumentationen im Fernsehen oder Sachbüchern vollzogen wird, sondern auch im Hinblick auf eine Transformation auf die Lebenswelt der Lernenden ausgestaltet werden. Die meisten Medienmacher haben sicher nicht Klafki gelesen, aber sie wissen, dass man Inhalte attraktiv, d. h. lebendig „verpacken“ muss, um Interesse zu wecken. Ebenso müssen mathematische Probleme einen realistischen Bezug zu Handwerk, Ökonomie, Wissenschaft oder anderen realistischen Lebensbereichen aufweisen. Fremdsprachenunterricht sollte sich, um ein weiteres Beispiel zu geben, an für Laien typischen Kommunikationssituationen orientieren. Darüber hinaus fordert Klafki auf, zu prüfen, welche Anschauungen, Phänomene, Situationen, Beobachtungen, Erzählungen, Versuche, Modelle usw. sich eignen, dass Schülerinnen und Schüler die entstandene Fragestellung selbst beantworten bzw. das Problem selbst lösen können.

1 Für Verhaltensbiologen ist es selbstverständlich, dass wir Energie nur dann aufbringen, wenn die damit verbundene Aktivität (und das gilt auch für Lernen) für uns irgendeinen Sinn macht. Dabei ist das Spektrum bei hochentwickelten Lebewesen, wie dem Menschen, ziemlich groß: von der Nahrungsbeschaffung, über Sicherheitsbedürfnis, Weltverstehen bis zum Lustgewinn.

2 Albrecht Dürer als deutschen Renaissance-Maler.

3 Wie berechne ich die Farbmenge, um meine Wohnung zu weißeln?

4 Der Zusammenhang von Wetter und Pflanzenwachstum

5 Wie beschaffe ich mir seriöse Informationen?

6 Berechnen eines Volumens

7 Verstehen eines Diagramms

8 „Nicht für die Schule, sondern für das Leben lernen wir."

9 „Nicht für das Leben, sondern für die Schule lernen wir."

Checkliste

Zentrale Begriffe, die Sie kennen sollten!

- materiale, formale und kategoriale Bildung

- Bildungstheoretische Didaktik

- Bildungsgehalt und Bildungsinhalt

▪ Didaktische Analyse nach Klafki

Aufgaben

Testen Sie Ihr Können!

▪ Niveau 1: Nennen Sie die fünf Fragen der didaktischen Analyse nach Klafki.

- Niveau 2: Unterscheiden Sie die Begriffe „Bildungsinhalt" und „Bildungsgehalt" und erläutern Sie ein Beispiel.

- Niveau 3: Erläutern Sie anhand eines konkreten Unterrichtsinhalts aus einem der von ihnen studierten Fächer Klafkis fünf Fragen der Didaktischen Analyse und reflektieren Sie, inwiefern der Unterricht dem Anspruch nach einer kategorialen Bildung gerecht wird.

Die Berliner Didaktik

WARUM ICH DIESES KAPITEL LESEN SOLLTE?

Nicht nur deshalb, weil es sich bei dieser Theorie wohl um die bekannteste didaktische Handreichung für die Unterrichtsplanung und –durchführung handelt. Mehr oder weniger bewusst wird sie auch schon seit ca 50 Jahren immer wieder von Lehrpersonen aufgegriffen und umgesetzt. Vielleicht sollten Sie sich mit diesem Kapitel auseinandersetzen, weil die „Berliner Didaktik" explizit für „Novizen" im Lehrerberuf entwickelt wurde. Sie ist als Planungsinstrument aufgrund ihrer klaren, wesentlichen Faktoren einer Unterrichtsstunde erfassend, leicht handhabbar und in allen Schul- bzw. Unterrichtsformen anwendbar, also so etwas wie ein Universalwerkzeug.
Dieses Kapitel befasst sich mit

- den Voraussetzungen/Einflussfaktoren, die den Unterricht determinieren.
- den verschiedenen Qualitäten von Lernzielen, die nicht nur verschiedene Verstehens- bzw. Könnensniveaus repräsentieren, sondern auch den Unterrichtsablauf enorm beeinflussen.
- Unterrichtsmethoden und –medien.

Anfang der 1960er Jahre arbeiteten an der damaligen Berliner Pädagogischen Hochschule drei Herren, die sehr bald ebenso viel Bedeutung für die deutsche Didaktik erringen sollten wie W. Klafki. Dies waren *Paul Heimann* und seine beiden Mitarbeiter *Gunter Otto* und *Wolfgang Schulz*.

Ihre didaktische Theorie entwickelte sich aus der unmittelbaren Praxiserfahrung mit jungen Lehramtsreferendaren. Sie erkannten deren Schwierigkeiten bei der Planung und Analyse von Unterricht und wollten explizit dafür ein Instrument entwickeln, das sich durch einfache Handhabbarkeit auszeichnet. Sie nannten ihr Planungsinstrument *Lerntheoretische Didaktik*, aber nicht weil sie sich dabei auf irgendeine psychologische Lerntheorie bezogen (wie etwa die behavioristische, die damals sehr populär war), sondern weil sie sich bewusst von der Bildungstheorie absetzen wollten: Bildung war in ihren Augen ein problematischer, weil normativ nicht unbelasteter Begriff. Demgegenüber, so ihre Auffassung, zeigt sich der Lernbegriff neutraler und daher, gerade auch vor dem Hintergrund der deutschen Geschichte, brauchbarer. Später sollte ihre Arbeit ohnehin viel mehr unter der Bezeichnung *Berliner Didaktik*, also nach ihrem Entstehungsort, berühmt werden. Heimann, Otto und Schulz versuchten die zentralen Merkmale (*konstitutiven Momente*) von Unterricht – und zwar jeglichen Unterrichts, egal ob in der Grundschule oder dem Gymnasium, ob in Deutsch oder Mathematik, ob in der Tanz- oder Segelschule – herauszuarbeiten. Dabei legten sie ein besonderes Augenmerk auf eine Wertfreiheit ihrer Theorie. Das heißt, ihre Didaktik sollte frei von ideologischen Einflüssen, also z. B. einem bestimmten Bildungsideal sein.

Sie gingen davon aus, dass jeglicher Unterricht konstante, elementare Merkmale aufweist, die Heimann zunächst beschrieben hatte und

Gunter Otto (1927-1999)

Wolfgang Schulz (1929-1993)

Paul Heimann (1901-1967)

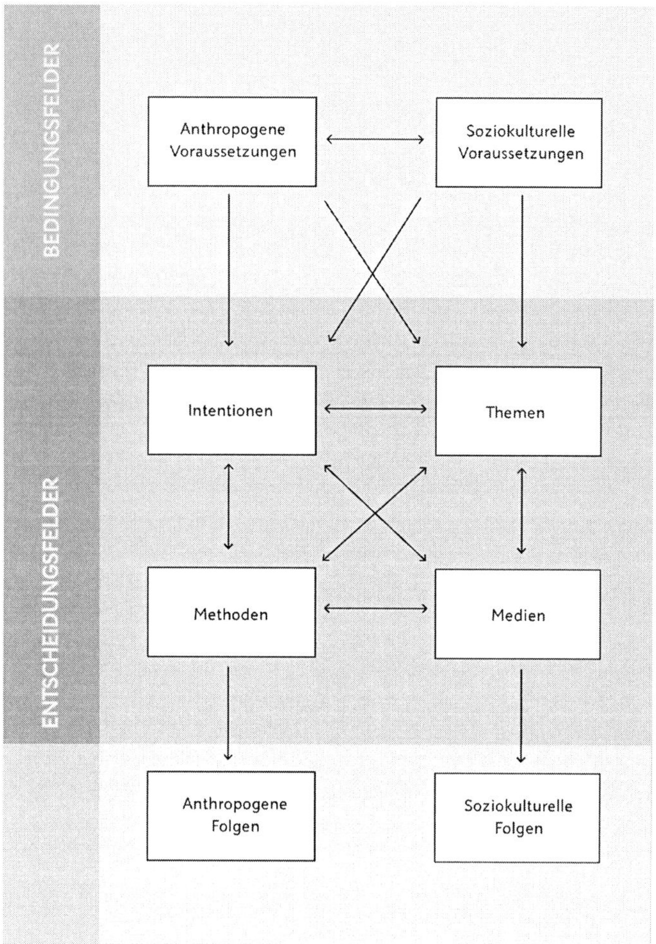

später von Schulz in einem Schema zusammengefasst wurden.

Die Grobstruktur des Berliner Modells bilden
(a) die *Bedingungsfelder* und
(b) die *Entscheidungsfelder*. Diese stehen in einem Wechselwirkungsverhältnis und werden Strukturanalyse genannt:

(a) Die Bedingungsfelder liefern mit den Faktoren „anthropogene Voraussetzungen" und „soziokulturelle Voraussetzungen" die Grundlage für den Unterricht. Alle am Unterricht Beteiligten kommen mit einer bestimmten „Vorgeschichte" in den Unterricht. Dies gilt es zunächst zu analysieren, bevor didaktische Entscheidungen im engeren Sinne getroffen werden. Dabei spielen biologische Aspekte wie das Alter oder das Geschlecht eine Rolle. In Kombination mit psychologischen Faktoren wie dem Entwicklungsstand ist dies bezogen auf die Lernenden z. B. ein wichtiges Kriterium für die Auswahl von Unterrichtsinhalten. So kann es sein, dass sich Elf- bis Zwölfjährige wenig für die Staatsformen in der Antike interessieren, auch wenn dies in den Lehrplänen aufgrund der historischen Chronologie eingefordert wird. Didaktisch wäre insofern zu überlegen, wie diese Inhalte dennoch für Lernende in diesem Alter interessant und sinnvoll aufbereitet werden können. Des Weiteren ändert sich im Laufe der Entwicklung das Interesse an literarischen Inhalten und, ob genetisch bedingt oder rollentypisch anerzogen, gibt es dabei nach wie vor eine Diskrepanz zwischen Mädchen und Jungen . Zudem ist es notwendig, immer zu überlegen, auf welchem Niveau ein bestimmter Inhalt Lernenden einer bestimmten Altersstufe beziehungsweise Schulform vermittelt werden soll.

Die *soziokulturellen Bedingungen* beziehen sich auf die Zusammensetzung der Gruppe (Altersverteilung, Geschlechterverteilung, Religionszugehörigkeiten, heute v. a. auch Migrationshintergrund, Familienkonstellation usw.) und der Gruppendynamik, die sich daraus entwickelt (Kooperation, Rivalität, Cliquen usw.). Dies wirkt auf unterrichtliche Entscheidungen (z. B. Sozialformen) ein. Dies gilt ebenfalls für die Gruppendynamik im Lehrekollegium. Ob der Unterricht eher „innovativ" oder eher „traditionell" abläuft, hängt z. B. häufig von entsprechenden Gruppennormen und -zwängen im Lehrerzimmer ab. Das Schulsystem und die Lehrkraft als Individuum sind immer eingebettet in ein bestimmtes Wertesystem. Als Lehrperson neigen wir nicht selten dazu, unser eigenes Wertesystem auf die Schüler zu übertragen. So ist es z. B. für einen Biologielehrer selbstverständlich, dass man eine enge Beziehung zur Natur hat und er wird auch gegen den Widerstand der Lernenden darauf bestehen, einen Ausflug in den Wald zu machen. Hier sollte laut W. Schulz die *Normenkritik* der Lehrkraft einsetzen. Das heißt, die Lehrkraft sollte ihre eigenen Wertvorstellungen und die des Schulsystems kritisch sehen. Dies meint auch, dass in einer pluralistischen Gesellschaft Forderungen und Vorschriften geprüft werden sollen. Eine wissenschaftliche Form der Normenkritik ist z. B. die Analyse von Schulbuchinhalten hinsichtlich der Vermittlung bestimmter Weltanschauungen, z. B. Rollenbilder oder politischer Ideologien.

Die Normenkritik funktioniert nicht ohne die *Faktenbeurteilung*. Fakt wäre am o. g. Beispiel, dass aus Gründen der Reifung und psychischen

Entwicklung Pubertierende sich meist (und nicht zuletzt im Biologieunterricht) für andere Dinge interessieren als für die Ökologie des Waldes. Zur Faktenbeurteilung könnte man heute aber auch empirisch abgesicherte Aussagen zum Lernen bzw. Unterricht heranziehen. Das heißt zum Beispiel, dass damit ideologisch gefärbte Vorstellungen zur Schule (also etwa offener Unterricht ist besser als geschlossener oder umgekehrt) überprüft werden müssen. Als Formenanalyse wird nach Schulz die kritische Auseinandersetzung mit bestimmten Unterrichtsformen und -methoden z. B. hinsichtlich ihrer Effizienz für einen bestimmten Unterrichtsinhalt gefordert.

Neben diesen Analysen vor dem Unterricht impliziert die Berliner Didaktik aber noch eine zweite Analysephase. Dies beschreibt Schulz sehr anschaulich so: „Auf dem Heimweg zieht man Bilanz; was ist heute in meinem Unterricht vor sich gegangen, wie hat er sich zu meiner Unterrichtsplanung verhalten und welche Auffassungen über Mensch und Gesellschaft müssen gegeben sein, wenn ich den Ablauf dieses Geschehens für didaktisch verantwortbar halten will? Die Korrekturen, die mir unerwartete Schülerreaktion, Eltern oder Vorgesetzte nahelegen, und die Lernergebnisse meiner Schüler gehen in die anthropogenen und sozial-kulturellen Voraussetzungen ein, die ich zu Beginn meiner Planung bedenken muss" (1979, S. 43). Was Schulz hier also meint, ist eine nachträgliche Analyse hinsichtlich des Erfolgs einer gehaltenen Stunde.

Zwar haben Heimann, Otto, Schulz ein Planungsinstrumentarium entwickelt, das zunächst vor allem noch sehr unerfahrenen Lehrkräften als Hilfe dienen sollte, dennoch weisen sie explizit darauf hin, sich nicht zu starr an ein Planungsmuster zu halten. Sie nennen Prinzipien, die bei der Unterrichtsplanung immer zu beachten sind. Dabei haben sie im Blick, dass Unterricht kein technischer, beliebiger wiederholbarer Vorgang ist. Unterricht wird von vielen kaum vorhersehbaren Faktoren beeinflusst. So kann z. B. etwas mit den Medien nicht klappen. Aber letztlich sind es die Menschen im Unterricht mit ihren nicht vorhersehbaren Reaktionen (auf den Inhalt der Stunde bezogen oder die Gruppendynamik der Klasse), die eine Lehrkraft zur Flexibilität nötigen. Jeder, der einmal eine Unterrichtsvorbereitung in verschiedenen Klassen ausprobiert hat, weiß, dass im Resultat der Stunde von „sehr erfolgreich" bis „voll daneben gegangen" alles möglich ist.

Deshalb fordern die Berliner Didaktiker *Variabilität*. Dies meint die absichtsvolle Bereitstellung von Alternativen, die Zulassung von Variationen, die nachträgliche Korrektur von Unterrichtszielen und „Elastizität" beim Ansteuern derselben. Nicht zu vergessen ist dabei das Einbeziehen der Lernenden in Unterrichtsentscheidungen, z. B. der Lektüreauswahl.
Ein weiteres Prinzip der Berliner Didaktiker ist die *Kontrollierbarkeit*. „Ausnahmsweise" sind hier einmal nicht Leistungsüberprüfungen der Lernenden gemeint, zu denen manche Lehrkräfte eine besondere Berufung verspüren. Es geht hier vielmehr um die Selbstkontrolle der Lehrkräfte anhand exakter Planungsausführungen. Lernziele, Zeitvorgaben für einzelne Unterrichtsabschnitte, Mindestkompetenzen der Schülerinnen und Schüler u. ä. lassen sich hinsichtlich derer Einhaltung nur überprüfen, wenn man diese vorher exakt formuliert hat. Der Weg ist hier nicht das Ziel, sondern der Weg muss genau beschrieben sein, damit sich nach jeder Stunde auch erkennen lässt, ob die Lernenden dort (inhaltlich) angekommen sind, wo sie hinkommen sollten.

(b) Das Entscheidungsfeld greift darauf bei der Bestimmung der Faktoren „Intentionen", „Themen", „Methoden" und „Medien" zurück und beeinflusst durch den Unterricht wiederum das Bedingungsfeld. Die Faktoren werden hinsichtlich ihrer Planungsrelevanz noch einmal differenziert und erfordern zahlreiche Entscheidungen, die allesamt didaktisch begründet werden können und mit Blick auf Lehrerprofessionalität auch müssen.

Im Rahmen einer Staatsexamensprüfung legte ein Realschullehramtsstudent einmal eine Unterrichtsverlaufsplanung für Geschichte in der achten Klasse vor. Die geplante Stunde gehörte zu einer Unterrichtseinheit über Napoleon. Als Unterrichtseinstieg wählte der Student eine Originalquelle aus der napoleonischen Ära, nämlich eine Karikatur aus einer Zeitung. Als Begründung für die Auswahl erläuterte er: „Um die Schüler zu motivieren, weil sie sich über die Karikatur amüsieren können und diese außerdem zur Diskussion anrege." Die Frage an den Studenten, ob er wirklich überzeugt sei, dass 14-jährige Lernende diese Karikatur verstünden, löste bei ihm eine neue Reflexion dahingehend aus, ob die

Karikatur nicht nur vielleicht optisch schwer zu erfassen sei, sondern auch für Jugendliche keinen Bezug zum Lebensalltag habe und ihnen das Vorwissen zum Verständnis der Darstellung fehle.

Dieses Beispiel soll nicht nur auf den anthropogenen Faktor Alter, sondern auch Vorwissen abzielen. Für eine Gruppe von Historikern wäre der geplante Einstieg vermutlich passend gewesen, für Teenager vermutlich weniger.

Die Bezeichnung „Entscheidungsfeld" rührt daher, dass man bei diesen Strukturmomenten nicht von einem gegebenen Zustand ausgehen muss, sondern eine mehr oder weniger ausgeprägte Möglichkeit hat, diese selbst auszugestalten. Diese Möglichkeiten beziehen sich vor allem auf (1) Intentionen, (2) Themen, (3) Methoden und (4) Medien:

(1) Intentionen:

Der Begriff Intentionen meint Ziele, letztlich Lehr- oder Lernziele. Selbst wenig engagierte Lehrkräfte haben solche. Engagierte haben mehr davon und können sie vor allem konkreter benennen. Das heißt, ihre Ziele sind vielschichtiger. Während die einen vielleicht für sich damit zufrieden sind, ein paar neue Vokabeln eingeführt oder die Formel für eine Berechnung an der Tafel entwickelt zu haben, versuchen andere darüber hinaus, Erkenntnisse, Überzeugungen oder Fertigkeiten anzubahnen. Solche Mehrschichtigkeit lässt sich sowohl bei Mathematikstunden über die Berechnung der Finanzierung des Kaufes eines teuren Konsumartikels als auch in einer Biologie- oder Ethikstunde zur Massentierhaltung vorstellen. Jede Stunde impliziert kognitive Prozesse, egal ob in Mathematik oder Sport. Soll der Unterricht aber nicht „trocken" sein bzw. theoretisch überfrachtet und damit auch nicht selten geistig überfordern und ermüden, müssen erlebnishafte Elemente mit eingebaut werden. Diese sollen die Schüler nicht nur emotional ansprechen, sondern ihnen auch die Möglichkeit geben, nicht nur still dazusitzen, sondern etwas zu tun. Um dies für den Planungsprozess zu veranschaulichen hat Schulz in das Entscheidungsfeld „Intentionen" noch einmal ein zusätzliches Reflexinstrumentarium eingefügt. Dies umfasst zunächst die drei psychologischen Dimensionen kognitive, pragmatische und emotionale Lernziele: Dass Lernen nicht ohne kognitive Prozesse (also verstehen, merken, assoziieren, erinnern) funktioniert, muss nicht erklärt werden. Aber wofür sind pragmatische und emotionale Lernziele gut? Zunächst muss erwähnt werden, dass die Berliner Didaktiker diese Kategorien nicht erfunden haben. Vielmehr gehen sie auf einen sehr viel älteren, berühmten Pädagogen zurück. Der Schweizer *Johann Heinrich Pestalozzi* postulierte bereits zu Beginn des 19ten Jahrhunderts, Lernen solle immer mit Kopf, Herz und Hand stattfinden – und folgt damit einer Tradition, die bis in die Antike zurückreicht, in der bereits eine Leib-Seele-Geist-Einheit postuliert wurde. So traditionsreich diese Unterscheidung also ist, so wenig klar zeigt sich der damit verbundene Sachverhalt. Nicht allen Lehrkräften ist er ersichtlich, vor allem solchen nicht, die in falsch verstandener Wissenschaftspropädeutik glauben, abstrakter und theoretischer sein zu müssen als Wissenschaftlerinnen und Wissenschaftler.

Johann Heinrich Pestalozzi (1746-1827)

Dabei gibt es heute eine Vielzahl von Erkenntnissen aus den Wissenschaften, auch aus den „harten", empirisch arbeitenden wie den Neurowissenschaften, die belegen, dass dies, was Pestalozzi beobachtete, stimmt. Sein Schweizer Landsmann *Jean Piaget* hat in der ersten Hälfte des 20sten Jahrhunderts durch empirische Beobachtungen an Kindern nachgewiesen, dass jegliche Denkprozesse letztendlich auf sensomotorische Erfahrungen zurückgehen. „Denken ist verinnerlichtes Tun", ist eine Kernaussage von Piagets Studien mit großer Tragweite für die Didaktik. Wir alle kennen die Redeweise „Probieren geht über Studieren!", was letztlich auch meint, dass wir oft aus konkreten Handlungen mehr oder bessere Erfahrungen und Erkenntnisse ziehen können als aus bloßem Überlegen oder gar verbalen Anleitungen. Nicht zuletzt gibt es in der deutschen Sprache ein Wort, das sozusagen synonym für handelndes Verstehen steht. Gemeint ist „begreifen" bzw. „begriffen haben". Dies war bereits im 8. Jahrhundert als „begrifen" bekannt und wurde auch damals schon von Gelehrten als Übersetzung des lateinischen „comprehendere" gebraucht. Pragmatische Lernziele sind in manchen Unterrichtsfächern relativ leicht vorstellbar. So ist die Rolle vorwärts oder das Rückenschwimmen zu erlernen vordergründig pragmatisch, wenngleich natürlich hier auch kognitive Prozesse beteiligt sind. So muss das Gehirn visuelle Eindrücke, die der Schüler an einem Vorbild aufgenommen hat, verinnerlichen und diese Vorstellung dann in eigene Handlung umsetzen. Auch in Musik oder Kunst lassen sich pragmatische Lernziele finden, nämlich immer dann, wenn die Lernenden selbst musizieren bzw. gestalterisch aktiv werden. In den Naturwissenschaften lässt sich experimentieren, sammeln, beobachten. Aber wie sieht es in den geistes- bzw. gesellschaftswissenschaftlichen Fächer aus? Sind hier Kopflastigkeit und demzufolge ein Verbal- und Frontalunterricht vorprogrammiert? Auch in diesen Fächern können Schüler manchmal sozusagen mit vollem Körpereinsatz arbeiten. Sie können im Deutschunterricht Theater spielen, Plakate entwerfen, eine Zeitschrift erstellen usw., in Mathematik kann man Körper nicht nur theoretisch berechnen, sondern auch technisch umsetzen oder die Lernenden können auf dem Schulhof mit Hilfe von Kreide und Schnüren den Grundriss einer Pyramide entwerfen. Dabei lernen sie, wie ein rechter Winkel funktioniert oder eine Mittelsenkrechte konstruiert wird und Winkel geteilt werden. Man kann im Rollenspiel Prozent- bzw. Zinsrechnung und Buchhaltung simulieren usw. Im Geschichtsunterricht lässt sich über Projekte mittelalterliches Leben nachempfinden und im Sozialkundeunterricht über Planspiele die Arbeit einer Gemeindeverwaltung oder eines Parlaments.

Man kann den Begriff „pragmatisch" zudem noch weiter auslegen, nämlich im Sinne einer geistigen *Selbsttätigkeit*. Schülerinnen und Schüler können viel mehr an kulturellem Gut und Natur selbst entdecken und verstehen als ihnen manchmal zugetraut wird. Anhand von exemplarischen Sätzen können sie in den Sprachen grammatikalische Regeln entdecken und die entsprechenden Merksätze selbst formulieren. In Mathematik gilt das gleiche für Rechenwege. Der Vorteil ist, wenn Lernende selbst die Lösung bzw. Regel finden, müssen sie den Vorgang verstanden haben, was bei reproduzierendem Lernen oft nicht der Fall ist.

Während pragmatische Lernziele anhand spezifischer Schüleraktivitäten noch gut vorstellbar, weil sichtbar, sind, ist dies bei affektiven Lernzielen deutlich schwieriger. Schließlich sind Gefühle subjektive, in uns meist spontane und oft schwer kontrollierbare Vorgänge. Lernziele, zumal in einer Unterrichtssituation, überlässt man als Lehrkraft nur selten zufälligen, spontanen Einflüssen. Lernziele werden geplant. Handelt es sich um affektive Lernziele, bedeutet dies, dass Gefühle gezielt geplant werden sollen. Das klingt fast paradox. Bei affektiven Lernzielen geht es darum, Gefühle bewusst anzuregen. Konkret heißt dies, man kann z. B. durch schöne Bilder, ein schönes Gedicht oder Musikstück, durch ein spannendes Experiment, durch das Aufsuchen eines Museums oder eines außergewöhnlichen Naturschauspiels Lernende begeistern, Freude an der Sache wecken oder gar Zuneigung und im übertragenen Sinne Liebe entfachen. Umgekehrt lassen sich durch die Lektüre der Beschreibung einer schwierigen Lebenssituation oder durch Bilder oder Berichte die Greueltaten, Zerstörung oder Problemsituationen darstellen, Betroffenheit oder Mitgefühl auslösen. Auch hier fallen einem in manchen Fächern eher Beispiele ein: Geschichte, Religion und Ethik, sowie Deutsch scheinen für negative Emotionen viel herzugeben. Aber natürlich auch für positive: Hilfsbereitschaft, schöne Gedichte, imposante historische Bauwerke usw. Musik, Kunst, Literatur können beide Seiten unserer Emotionen ansprechen. Aber auch Naturwissenschaften können dies. So sind die meisten Menschen auch oder gerade in unserer mehr und mehr urbanisierten Welt von Naturphänomenen fasziniert oder über deren Zerstörung entsetzt. Es gibt mittlerweile nicht nur eine unüberschaubare Zahl von erfolgreichen Dokumentationen in den Alltagsmedien, die naturwissenschaftliche Themen aufgreifen, sondern sogar einige Fernsehshows. In der Schule hingegen bleibt bei so manchem Lernenden die Faszination für Naturwissenschaften eher verhalten. Selbst in Mathematik lassen sich Emotionen bewusst in den Unterrichtsverlauf einplanen, so z. B. wenn man bestimmte mathematische Verfahren in deren Entdeckungsgeschichte einbaut oder mit einem lebensnahen Problem verknüpft. Wozu soll nun aber diese emotionale Lernzieldimension gut sein? Zur Beantwortung dieser Frage wäre es am einfachsten, den Fernseher anzuschalten, eine Weile durch die Programme zu wechseln, um festzustellen: Keine Sendung, ob Daily-Soap, Casting-Show oder Dokumentation, sie alle sind nie auf theoretische bzw. abstrakte Darstellungen von Fakten und Vorkommnissen reduziert, sondern immer eingebunden in (persönliche) Erlebnisse, Schicksale, Schwierigkeiten, Auseinandersetzungen, Freuden, Zerstörungen von Bauwerken, Tieren und nicht zuletzt Menschen. Häufig ist das Ganze dann noch, wie auch in Spielfilmen, durch entsprechend emotional anrührende Musik unterlegt.

Die Medienmacher haben längst verstanden: Wenn wir Aufmerksamkeit wecken wollen, müssen wir die Menschen emotional ansprechen. Geschichtsdokumentationen im Fernsehen oder auch in Sachbüchern, die „trocken", d. h. ausschließlich kognitiv aufgebaut wären, würden als Ladenhüter schnell aus dem Programm fliegen. Es liegt in der Natur des Menschen, und dabei spielt es kaum eine Rolle, ob es sich um einen Grundschüler, Mittelschüler, Realschüler oder Gymnasiasten handelt. Emotionen machen Wissen lebendig, sie machen neugierig, sie motivieren und sie helfen ebenfalls nicht zu vergessen. Lernprozesse, die in emotionale Erlebnisse eingebunden sind, bleiben in der Regel auch nachhaltiger im Gedächtnis.

Lernprozesse, das weiß man heute aus den Neurowissenschaften, finden nie isoliert statt. Sie sind immer situativ eingebunden. Lässt man beispielsweise Probanden in einem sensorisch sterilen Raum (also z. B. in der Röhre des MRT) irgendwelche Begriffe, Vokabel, Formeln o. Ä. lernen, so wird jeweils nur ein ganz kleiner Bereich des Gehirns aktiv. Ergänzt man diese Lerninhalte aber mit zusätzlichen, positiven Sinneseindrücken wie einer angenehmen Stimme, schönen Bildern oder Musik, so explodiert die Energiefreisetzung im Gehirn in vielen verschiedenen Arealen förmlich. Bildlich gesprochen, könnte man auch sagen, versuche ich mir einen abstrakten Lerninhalt in einem sterilen Lernumfeld anzueignen, so nutze ich gerade mal eine „Schublade" in meinem Gehirn. Klemmt diese dann beim Versuch den Lerninhalt wieder abzurufen, kann ich in große Schwierigkeiten kommen. Lassen wir aber beim Lernprozess noch andere (positive) Eindrücke einfließen, so werden ganz viele „Schubladen" gefüllt, die sich beim Erinnerungsversuch alle (manchmal nacheinander) öffnen. Und selbst eine, die zum Klemmen neigt, wird wahrscheinlich irgendwann mit aufspringen.

Aber mit diesen Überlegungen ist die Komplexität der möglichen planerischen Entscheidungen im Hinblick auf die Lernziele bei weitem noch nicht erschöpft: Lernziele können unterschiedliche Qualitätsniveaus aufweisen. Die einfachste Stufe in der kognitiven Dimension ist, dass Wissen reproduziert wird. Die nächsthöhere Stufe ist das Verstehen, was man als Lehrkraft eigentlich immer anstreben sollte, weil sonst das Wissen nichts nützt. Darauf aufbauend, sollte der Schüler das Erlernte transferieren, also anwenden können oder sich eine Einstellungsänderung ergeben (z. B. durch die Kenntnisse über eine fremde Religion zu einer größeren Toleranz) – wenn wann so will: die höchste Stufe. Im Berliner Modell werden diese Stufen mit den Begriffen „Anbahnung", „Entfaltung" und „Gestaltung" umschrieben und sie lassen sich auf eine kognitive, eine pragmatische und eine emotionale Dimension anwenden:

Qualitätsstufe	Kognitive Dimension	Pragmatische Dimension	Emotionale Dimension.
Anbahnung	Kenntnis	Fähigkeit	Anmutung
Entfaltung	Erkenntnis	Fertigkeit	Erlebnis
Gestaltung	Überzeugung	Gewohnheit	Gesinnung

Bei der pragmatischen Dimension meint Gewohnheit tatsächlich, dass etwas in den alltäglichen Gebrauch übergeht, also z. B. die Anwendung von Fertigkeiten in einer Fremdsprache oder die Nutzung des Computers.

Die Entscheidungsdimension der Intentionen kann nicht separat betrachtet werden, sondern steht in wechselseitiger Beziehung zu den anderen Entscheidungs- und Bedingungsfeldern, was als Interdependenz bezeichnet wird.

(2) Themen

Auch wenn die Berliner Didaktiker betonen, dass Themen (der Inhalt, der Gegenstand) doch eigenständige Strukturmomente sind, räumen sie ein, dass nur die Verbindung von Intentionen und Themen erst zu konkreten Unterrichtszielen führen kann. Ziele lassen sich erst formulieren, wenn inhaltliche Fragen geklärt sind. Bezüglich der Unterrichtsinhalte wird deutlich, dass die Berliner Didaktiker sich mit Klafki auseinandergesetzt haben. So schreibt Schulz: „Wer Unterricht zu analysieren hat, wird sich also fragen müssen, welche Themen dort in den Erkenntnis-, Erlebnis-, Handlungshorizont der Lernenden gebracht werden sollen oder offensichtlich an sie herangetragen werden ... Themen ... müssen in der gesellschaftlichen Gegenwart als zukunftsbedeutsam angesehen werden (sozialkulturellen Bedingungen entsprechen). Sie müssen in dieser Bedeutsamkeit aber dem Heranwachsenden dargestellt, vom Lehrer nahegebracht werden können (den anthropogenen Bedingungen genügen)" (a. a. O, S. 30). Ohne dass sie wie Klafki differenzierte Entscheidungsaspekte für die Themenauswahl aufwerfen, postulieren sie, dass diese nicht beliebig sind.

(3) Methodik

Die Unterrichtsmethodik oder von den Berliner Didaktikern auch Verfahren genannt, ist ein Obergriff für ein sehr diffuses Strukturmoment von Unterricht. Unterrichtsverfahren determinieren die einzelnen Unterrichtsschritte und die entsprechenden Aktionen im Unterricht. Zunächst gibt es übergeordnete Ansätze des Vorgehens:

- *Ganzheitlich-analytische* Verfahren gehen von einem Gesamteindruck aus (ein Museumsbesuch, eine Epoche, ein Land), um daraus einzelne Aspekte differenziert herauszuarbeiten.

- *Elementhaft-synthetische* Verfahren bauen aus Wissenselementen Wissenszusammenhänge auf. Das bekannteste Beispiel ist die bei uns verwendete Leselernmethode, bei der aus einzelnen Buchstaben Wörter gebildet werden. Aber auch beim Rechnen lernen wird so vorgegangen. Überhaupt ist dieses Verfahren im Unterricht häufiger zu finden (z. B. die geographische Struktur Deutschlands wird in der Regel aus solchen Fragmenten zusammengesetzt). Nicht selten bleibt aber leider der Zusammenhang auf der Strecke, nicht zuletzt weil man dafür vielleicht die Fachgrenzen überschreiten müsste (z. B. bei historischen Epochen, für die es typische Lebensverhältnisse, politische Prozesse, Literatur, Musik usw. gibt).

Organisatorische Rahmenbedingungen der Unterrichtsstunde, wie die Phasen des Unterrichts (*Artikulation*), beziehen die Berliner Didaktiker in das Entscheidungsfeld „Verfahren" ebenso wie die *Sozialformen* (*Frontalunterricht, Partner- oder Gruppenarbeit und Einzelarbeit/Stillarbeit)* mit ein.

Aktionsformen sind die Verfahren des Lehrens, die eine Lehrperson anwendet. Hier wird unterschieden zwischen

- *direkten*, wie Vortrag, Demonstration, Lehrerfrage und Unterrichtsgespräch.

- *indirekten*, wie Materialien, Arbeitsanweisungen und Schülerexperimente.

(4) Medien

Medien gelten normalerweise in der Didaktik als Teil der Methodik. Die Berliner Didaktiker haben sie als eigenes Entscheidungsfeld spezifiziert. Dies lässt sich auf dem Hintergrund bestimmter Entwicklungen in den frühen 1960er Jahren verstehen. Im Vergleich zum heutigen medialen Angebot erscheint das der Entstehungszeit der Berliner Didaktik geradezu defizitär. Vergleicht man allerdings mit den Jahrzehnten davor, wird klar, welche mediale Revolution damals begann. Während die Lehrkräfte in der ersten Hälfte des 20sten Jahrhunderts noch fast ausschließlich mit der Wandtafel und dem Buch, vielleicht einmal einer Wandkarte oder in den Naturwissenschaften einem einfachen Versuchsaufbau arbeiteten, bestimmten immer mehr elektronische Medien den Alltag der Wirtschaftswunderära. Das Radio war sozusagen Gemeingut, Fernseher und Plattenspieler

hielten Einzug in immer mehr Wohnzimmer und es gab Magnetbandgeräte mit denen man Tonaufzeichnungen machen konnte. Daraus entwickelten sich Sprachlabore für den Fremdsprachenunterricht. In diesen hatten Lernende u. a. die Möglichkeit, das Englisch eines Native Speakers zu hören und ihre eigene Sprechfertigkeit zu üben. Ansonsten musste man damals schon Kontakt zu den amerikanischen oder englischen Militärs haben, die es regional relativ zahlreich gab oder deren Radiosender wie z. B. AFN hören, um natives Englisch zu Ohren zu bekommen. Sehr bald boten die Radio- und Fernsehsender eigene Schulsendungen an, die damals noch direkt in der Sendezeit in den Unterricht eingeplant werden mussten, weil es zumindest für das Fernsehen noch keine Aufzeichnungsmöglichkeiten gab.
Die Berliner Didaktiker erkannten, dass eine enge Verbindung der Unterrichtsmedien zu den anthropogenen ebenso wie zu den soziokulturellen Bedingungen der Lernenden besteht. Sie bemerkten in diesem frühen Stadium der elektronischen Medien, dass diese nicht nur Möglichkeiten eröffnen, sondern auch mit Grenzen und Gefahren verbunden sind. Den sozialkulturellen Bezug zwischen Medien und Schule beschreibt Schulz folgendermaßen:

„Die Korrespondenz zwischen den Unterrichtsmitteln und den gesellschaftlich gebräuchlichen Medien wird die Wirksamkeit des Medieneinsatzes ebenso beeinflussen wie das Prestige der Medien in der Gesellschaft. So hat ein Lehrer, als er das Planetensystem an einem selbstentworfenen Modell erläutert hatte, das Lob erhalten: Das war so chic wie im Fernsehen!" (1979, S. 35 f).

Ob einem dies heute bei der noch schillernderen Medienwelt auch noch passieren kann, sei dahingestellt. Aber sicher wird Unterricht, werden Lehrerinnen und Lehrer (zumindest unbewusst) von den Schülern mit Medienbeiträgen bzw. deren Moderatorinnen und Moderatoren verglichen.

Im Unterschied zu Klafki geht die Berliner Didaktik nicht grundsätzlich davon aus, dass jegliche Unterrichtsplanung mit dem Inhalt beginnt. Sie kann mit jedem der vier Entscheidungsmomente ansetzen. So z. B. mit den Methoden. Das klingt ein bisschen wie das „Pferd vom Schwanz her aufzäumen". Will man aber z. B dem didaktischen Qualitätsmerkmal des Methodenwechsels nachkommen, so kann die Änderung der Unterrichtsform zunächst im Zentrum der Planungsüberlegungen stehen. Ebenso können Medien (oder ein Medium) den Ausgangspunkt für eine Unterrichtsplanung bilden. Dies kann der Umgang mit einem Medium wie dem Internet sein, aber z. B. auch ein herausragend guter Film oder ein Zeitungsartikel, den man passend zu einem Lehrplaninhalt gefunden hat. Ebenso rücken durch die Kompetenzorientierung des Unterrichts Intentionen/Ziele (zu erreichende Kompetenzen) wieder stärker in den Fokus der Unterrichtsplanung. Damit muss auch relativiert werden, dass quasi immer das Thema/der Inhalt vor den Lernzielen überlegt/geplant wird. Es können auch bestimmte Ziele (bzw. Kompetenzen) den Ausgang einer Planungsüberlegung bilden, so z.B. solche Erziehungsziele wie Toleranz, Problemlöse- oder Teamfähigkeit. Dafür muss sich eine Lehrkraft entsprechende Themen suchen, mit denen diese Ziele angebahnt werden können. Das gleiche gilt z.B. für das
Ziel, eine bestimmte Methodenkompetenz zu erreichen (z. B. Mikroskopieren, ein Diagramm zu erstellen o. ä.).

In der konkreten Planungspraxis korrespondieren alle Entscheidungsfelder miteinander und diese wiederum hängen mit den Bedingungsfeldern zusammen (Interdependenz). Das heißt, die Entscheidungen fallen nicht nacheinander, sondern in einem Hin und Her, in wechselseitiger Abwägung. Insofern ist bei bestimmten Zielen sogleich zu überlegen, welches Thema und welcher Inhalt sich dafür eignen könnte, um sodann entscheiden zu können, welche Methoden und Medien dazu adäquat sind. Selbstständiges Problemlösen als Ziel erfordert beispielsweise einen Unterrichtsinhalt, mit dem Lernende selbständig Informationen einholen oder Lösungen finden können. Arbeitsteiliges Recherchieren im Internet zur Präsidentschaftswahl in den USA wäre denkbar, Frontalunterricht dagegen weniger. Und gleichzeitig bestimmt dieser Inhalt und die Methoden wiederum die Zielebene. Im gegebenen Beispiel die Fragen von Demokratie und Mediengewalt sowie spezielle Aspekte des sozialen Lernens.

Checkliste

Zentrale Begriffe, die Sie kennen sollten!

- Bedingungsfelder, Entscheidungsfelder

- Strukturanalyse, Normenkritik, Faktenbeurteilung, Formenanalyse

- lerntheoretisch

- Variabilität, Kontrollierbarkeit

- Interdependenz

- kognitiv, pragmatisch, affektiv

- ganzheitlich-analytisch, elementhaft-synthetisch

- Aktionsformen

Aufgaben

Testen Sie Ihr Können!

- Niveau 1: Nennen Sie die Faktoren der Strukturanalyse.

- Niveau 2: Nennen sie konkrete Beispiele für Bedeutung der anthropogenen und soziokulturellen Bedingungen von Lernenden.

- Niveau 2: Erläutern Sie den Aspekt der Interdependenzen an einem Unterrichtsbeispiel.

- Niveau 3: Stellen Sie die Berliner Didaktik der didaktischen Analyse gegenüber und arbeiten Sie Gemeinsamkeiten und Unterschiede heraus.

Von der Planungshilfe zur emanzipatorischen Didaktik - Das Hamburger Modell

WARUM ICH DIESES KAPITEL LESEN SOLLTE?

Wolfgang Schulz spielte schon eine herausragende Rolle bei der Konzeption der lerntheoretischen Didaktik: Er schrieb das Kapitel „Unterricht – Analyse und Planung" des gleichnamigen Buches, aus dem sich primär das Berliner Modell ableiten lässt. Die Jahre nach dessen Veröffentlichung, in denen Schulz als Professor an die Hamburger Universität wechselte, waren geprägt von gesellschaftlichen Umbrüchen. Im Sinne eines kritischen Demokratieverständnisses und einer zunehmenden Liberalisierung. Diese wirkten sich ebenso wie bei Wolfgang Klafki auch bei Wolfgang Schulz auf die Weiterentwicklung seiner didaktischen Theorie aus (vgl. Born/Otto 1978, S. 85 ff). Während die lerntheoretische Didaktik der älteren Berliner Prägung vor allem dem Anspruch gerecht wurde, ein verallgemeinerbares und möglichst leicht handhabbares Instrumentarium der Unterrichtsplanung und –analyse zu sein, vertritt Schulz nun den Anspruch, dass der zu planende Unterricht emanzipatorisch wirksam werden soll. Insofern geht es Schulz nicht mehr nur um das Lernen, sondern er verbindet mit dem Unterricht einen gesamtgesellschaftlichen, geradezu politischen Auftrag: Die Emanzipation des Menschen. Die genannten gesellschaftlichen Umbrüche erfordern es von Schule und Unterricht, sich ständig selbst zu hinterfragen, Machtstrukturen sichtbar zu machen und die nachwachsende Generation mit einer entsprechenden Haltung auszurüsten.

Um diesem Anspruch gerecht zu werden, entwickelt Schulz das Berliner Modell zum Hamburger Modell weiter, das sich nun weitaus differenzierter zeigt:
Schulz unterscheidet den didaktischen Planungsprozess in mehrere Ebenen. Zunächst sei die Perspektivenplanung genannt. Diese meint eine längerfristige Planung über Schulhalbjahre und Schuljahre und auch über Fächergrenzen hinaus. Schulz schlägt als Reflexionshilfe vor dem Hintergrund von Lehrplänen die Entwicklung eines eigenen Richtzielkatalogs vor, der sich an Erfahrungsaspekten (Themen) und Absichten (Intentionen) orientieren soll.

Der heute als modern gehandelte Kompetenzbegriff wird bereits im didaktischen Modell von Schulz benutzt, allerdings eher im Sinn von Erfahrungen interpretiert. Keines der neun Felder der Matrix kann isoliert gesehen werden. Sie sind interdependent und sollen zum übergeordneten Ziel der Emanzipation führen (vgl. Schulz 1980b, S. 35 ff). Während die Lernzieltaxonomie der Berliner Didaktik eine psychologische ist, spielen in die Matrix des Hamburger Modells vermehrt weltanschauliche Anteile hinein. Diese sind vor allem in den Zieldimensionen der Autonomie und der Solidarität bei vielen Sacherfahrungen nicht unumstritten. Schulz weist allerdings selbst darauf hin, dass diese Matrix nichts verbindliches, sondern nur eine Suchhilfe sei (a. a. O.).

Zur Perspektivplanung des Unterrichts

THEMEN (Erfahrungsaspekte) \ INTENTIONEN (Absichten)	I KOMPETENZ	II AUTONOMIE	III SOLIDARITÄT
1 SACHERFAHRUNG	I/1	II/1	III/1
2 GEFÜHLS-ERFAHRUNG	I/2	II/2	III/2
3 SOZIALERFAHRUNG	I/3	II/3	III/3

Heuristische Matrix zur Bestimmung von Richtzielen emanzipatorisch relevanten, professionellen didaktischen Handelns (Schulz 1980b, S. 39)

Um die doch sehr abstrakte Matrix besser verstehen zu können, seien hier einige konkrete Beispiele angeführt:

- *Sacherfahrung/Kompetenz: Den Lösungsweg für ein mathematisches, realitätsnahes Problem verstehen und anwenden können.*

- Sacherfahrung/Autonomie: Die Schüler lösen selbständig eine Aufgabe/Problem.

- Sacherfahrung/Solidarität: Die Schüler unterstützen sich beim Lernprozess oder aber auch: Sie erfahren über solidarisches Verhalten bei gesellschaftlichen Vorgängen z. B. im Geschichts- oder Sozialkundeunterricht.

- Gefühlserfahrung/Kompetenz: Durch die Auseinandersetzung mit Schicksalen anderer Menschen (z. B. in literarischen Texten) stärken die Schüler ihre Fähigkeiten, mit eigenen Gefühlen umzugehen.

- Gefühlserfahrung/Autonomie: Schüler lernen z. B. durch das Schreiben oder Interpretieren von Texten, dass Gefühle individuell sind.

- Gefühlserfahrung/Solidarität: Durchführen sozialer Aktionen im Rahmen der Schule bzw. des Gemeinwesens.

- Sozialerfahrung/Kompetenz: Einüben von Umgangsformen und Regeln in der Klasse.

- Sozialerfahrung/Autonomie: Lernen über soziale Normen/Zwänge kritisch zu reflektieren.

- Sozialerfahrung/Solidarität: Stärkere Schüler helfen schwächeren beim Lernen, gegen Mobbing usw.

Die kurzfristigere Ebene der Planung (Unterrichtseinheit) bezeichnet Schulz als Umrissplanung. Das dazugehörige Strukturmodell unterscheidet vier zentrale Planungsfaktoren, die wiederum beeinflusst werden von übergeordneten Bedingungen, wie dem institutionellen Rahmen (Lehrplan, Standort, Ausstattung usw.), den Vor- und Einstellungen der in der Schule Handelnden (v. a. Lehrpersonen) sowie dem wirtschaftlichen und politischen System.

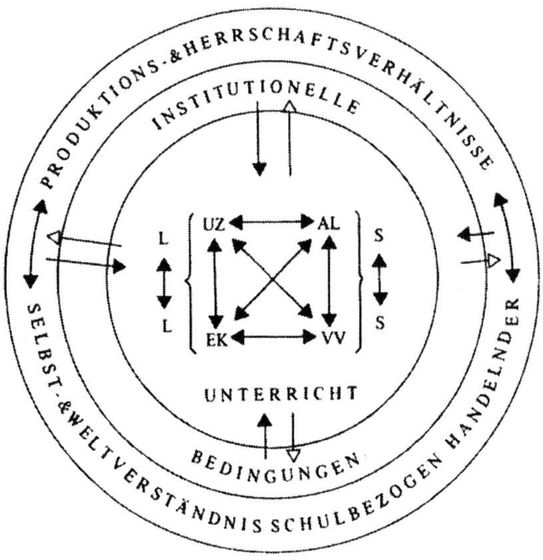

L = Lehrer
S = Schüler
als Partner unterrichtsbezogener Planung

VV = Vermittlungsvariablen wie Methoden, Medien, schulorganisatorische Hilfen

UZ = Unterrichtsziele: Intentionen und Themen

EK = Erfolgskontrolle: Selbstkontrolle der Schüler und Lehrer

AL = Ausgangslage der Lernenden und Lehrenden

Handlungsmomente didaktischen Planens (Umrissplanung) in ihrem Implikationszusammenhang (Schulz 1980b, S.82)

Die Einflussgröße dieser verschiedenen Bedingungsfelder ist im Sinn der unmittelbaren Wirkung auf den Unterricht und damit auf die Strukturmomente der Unterrichtsplanung sehr unterschiedlich. Diese Strukturmomente sind:

- die Unterrichtsziele: Intentionen und Themen (UZ)

- die Ausgangslage der Lernenden und Lehrenden (AL)

- Vermittlungsvariablen: Methoden, Medien, schulorganisatorische Hilfen (VV)

- Erfolgskontrolle: Selbstkontrolle der Schüler und Lehrer (EK)

Ebenso wie beim Berliner Modell bedeuten die Doppelpfeile die Interdependenz, also die Wechselseitigkeit der verschiedenen Planungs- bzw. Bedingungsfaktoren.

Checkliste

Zentrale Begriffe, die Sie kennen sollten!

- Perspektivenplanung

- Heuristische Matrix

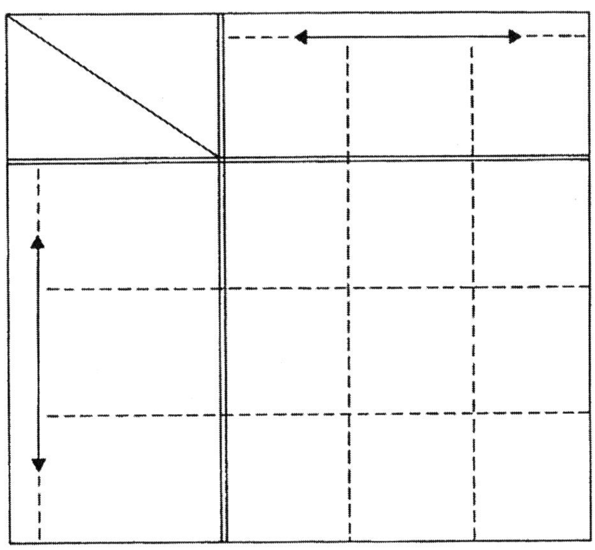

- Hamburger Modell

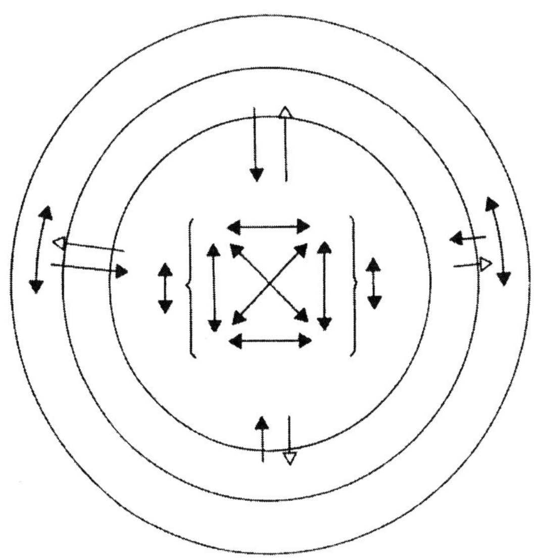

- Umrissplanung

Aufgaben

Testen Sie Ihr Können!

- Niveau 1: Warum wollte Wolfgang Schulz die Berliner Didaktik weiterentwickeln?

- Niveau 2: Nennen Sie mindestens drei Kennzeichen, die das Hamburger Modell vom Modell der Berliner Didaktik unterscheiden.

- Niveau 3: Bilden Sie anhand der Heuristischen Matrix konkrete Richtziele zu einem bestimmten Unterrichtsthema.

Wolfgang Klafki zum Zweiten: Die kritisch-konstruktive Didaktik

WARUM ICH DIESES KAPITEL LESEN SOLLTE?

Sicher hätte sich W. Klafki schon mit seiner Bildungstheoretischen Didaktik einen festen Platz in der Didaktik-Geschichte gesichert, aber er veröffentlichte 1985 noch einmal ein Werk, das bis heute großen Einfluss auf die Ausbildung von jungen Lehrerinnen und Lehrern hat. Er nannte es „Neue Studien zur Bildungstheorie und Didaktik". Damit reagierte Klafki auf seine Kritiker und verabschiedete sich vom Primat der Inhalte seiner frühen Theorie.

Seit den späten 1950er Jahren war nicht nur schulpädagogisch, sondern auch gesellschaftlich viel passiert: Einige schon in den 1960er und 1970er Jahren ebenfalls sehr bekannte Schulpädagogen wie Heinrich Roth oder Klaus Ingenkamp arbeiteten bereits empirisch oder adaptierten für ihre Theoriebildung empirische Arbeiten aus der Schul- bzw. Unterrichtsforschung oder aus verschiedenen Bezugswissenschaften wie Psychologie oder Soziologie. Klafki erweiterte angesichts dieser Veränderungen sein ursprünglich rein geisteswissenschaftliches Denken. Bestimmte Unterrichtsphänomene, wie z. B. die Lehrer-Schüler-Beziehung oder die Wirkung bestimmter Unterrichtsmethoden, lassen sich empirisch besser erfassen. Außerdem setzte er sich mit einem gesellschaftskritisch-ideologiekritischen Ansatz auseinander. Dieser hatte seine Wurzeln im gesellschaftlichen Werteumbruch der späten 1960er Jahre und war wissenschaftlich in der sog. „Kritischen Theorie" der „Frankfurter Schule der Philosophie" (Theodor W. Adorno, Max Horkheimer, Herbert Marcuse und Jürgen Habermas) beheimatet. Emanzipation, Selbstbestimmungs- und Mitbestimmungsfähigkeit waren zentrale Begriffe dieser Bewegung, die dann auch Klafki in seine neue Bildungstheorie und Didaktik übernahm. Aus der Verbindung von Hermeneutik, Empirie und Gesellschafts- bzw. Ideologiekritik formulierte Klafki 1985 seine *kritisch-konstruktive Didaktik*.

Kritisch nennt Klafki seine Didaktik, weil sie als Ziel die Selbst-, Mitbestimmungs- und Solidaritätsfähigkeit hat und die Institution Schule nicht immer diesem entspricht. Und die Bestimmung „konstruktiv" weist auf den durchgehenden Praxisbezug, auf das Handlungs-, Gestaltungs- und Veränderungsinteresse hin, das für diese didaktische Konzeption konstitutiv ist" (Klafki 1985, S. 90).

Auch wenn aufgrund früherer Äußerungen Klafkis in der Sekundärliteratur immer wieder zu lesen ist, dass in der kritisch-konstruktiven Didaktik das Primat der Inhalte seiner bildungstheoretischen Didaktik vom Primat der Lernziele abgelöst wurde, so nimmt doch der Bildungsbegriff auch 1985 noch immer eine herausragende Position ein. Mit Blick auf traditionelle Bildungsvorstellungen (Kant, Schleiermacher, von Humboldt, Hegel, Herbart, Fröbel, Pestalozzi) versucht er eine Neudefinition. Diese soll vor allem auch schultauglich sein.

Im Zentrum steht der Begriff „Allgemeinbildung", den er in dreifachem Sinn definiert:

- Bildung als demokratisches Bürgerrecht *(Bildung für alle)*. Damit bezog er Stellung gegen selektive Faktoren im Bildungswesen und für eine mindestens zehnjährige Schulpflicht für alle, eine Erweiterung der Grundschulzeit auf sechs Jahre i. S. einer Förder-bzw. Orientierungsstufe. Er befürworte die Integrierte Gesamtschule bzw. im mehrgliedrigen Sekundarschulwesen eine stärkere Angleichung der Lehrpläne der einzelnen Schulformen. Sein primäres Ziel ist in diesem Zusammenhang der Abbau der schichtenspezifischen Chancenungleichheiten im Bildungssystem (Klafki 1985, S. 55).

- Bildung mit einem verbindlichen Kern des Gemeinsamen *(Bildung im Medium des Allgemeinen)*. Allgemeinbildung muss [demzufolge, d. Verf.] „verstanden werden als Aneignung der die Menschen gemeinsam angehenden Frage- und Problemstellungen ihrer geschichtlich gewordenen Gegenwart und der sich abzeichnenden Zukunft [...]". (Klafki 1985, S. 53).

- *Bildung in allen Grunddimensionen menschlicher Interessen und Fähigkeiten*. Dies umfasst: die eigene Körperlichkeit, die kognitiven Möglichkeiten, die handwerklich-technischen, hauswirtschaftliche Produktivität, die sozialen Beziehungen, ästhetische Wahrnehmungs- und Gestaltungsmöglichkeiten und die politisch-ethische Entscheidungs- und Handlungsfähigkeit.

Klafki setzt sich dadurch ganz deutlich von einseitigen, ideologisch geprägten Bildungsvorstellungen ab, die bis heute nicht überwunden sind. In diesem Zusammenhang möchten wir noch einmal an das bereits erwähnte Beispiel zweier Studierender erinnern, die sich darüber ereiferten, was nun mehr Bildung sei, Latein oder ein Auto reparieren zu können. Man könnte an dieser Stelle auch den Bestseller des Sprachwissenschaftlers Dietrich Schwanitz mit dem Titel „Bildung – Alles, was man wissen muss" anführen. Schlug man dieses Buch auf, so zeigte sich, dass Schwanitz' Bildungsverständnis ziemlich einseitig auf geisteswissenschaftliche und ästhetische Themenbereiche wie Literatur, Kunst, Philosophie etc. reduziert war und zudem einseitig auf Bereiche des Wissens fokussierte. Daraufhin sah sich Ernst P. Fischer wohl genötigt, ein Gegenwerk mit dem Titel „Die andere Bildung" zu schreiben, in dem dann die Naturwissenschaften aufgegriffen wurden. Aber auch das ist nur ein reduzierter Bildungsbegriff. Klafki öffnet sich in seinem Bildungsverständnis für alles, was in den Horizont menschlichen Interesses gelangen könnte.

Klafki spricht ein zentrales Problem von Bildungstheorien an, nämlich dass sie wenig konkret werden. Aber dies ist in Bezug auf Schulbildung notwendig, denn hier gibt es nach wie vor konkrete, durch die Lehrpläne vorgegebene Bildungsinhalte und insofern einen Fächerkanon. Deshalb bezeichnet Klafki diesen Umstand auch als Kanonproblem, welches nicht zuletzt an einer Stofffülle und damit verbundenen Überfrachtung der Lehrpläne sichtbar wird. Als einen möglichen Lösungsansatz sieht Klafki *epochaltypische Schlüsselprobleme*. Damit bezeichnet er gesamtgesellschaftliche Herausforderungen, die sich zwar im Zuge von kulturellen oder natürlichen Entwicklungen verändern können, aus aktueller Sicht aber besonders bedeutsam erscheinen. Krieg und Frieden, Nord-Süd-Gefälle, Umweltschutz, Ungleichheit und Geschlechterverhältnis sind Beispiele solcher epochaltypischer Schlüsselprobleme.

Inspiriert durch die Auseinandersetzung mit den Vertretern der Berliner Didaktik entwickelt Klafki seine Didaktische Analyse weiter und entwirft das *Perspektivenschema*. Dieses steht aus unterrichtspraktischer Sicht im Zentrum der kritisch-konstruktiven Didaktik und versucht, die zentralen Fragen (Perspektiven) für die Unterrichtsplanung zu erfassen.

Neben den Fragen nach der Gegenwartsbedeutung, der Zukunftsbedeutung und der Exemplarizität betrachtet Klafki nun verstärkt die Frage nach der thematischen Struktur und den damit verbundenen Zielen. Folgende Hierarchisierung der Lernziele schlägt Klafki vor:

1. *Ebene: übergreifende Leitziele*: Selbstbestimmungsfähigkeit, Mitbestimmungsfähigkeit, Solidaritätsfähigkeit

2. *Ebene: überfachliche Fähigkeiten*: Kritik- und Urteilsfähigkeit, Kommunikationsfähigkeit

3. *Ebene: bereichsspezifische Fähigkeiten*: z. B. Experimente durchführen und analysieren in den Naturwissenschaften

4. *Ebene: konkrete Lernziele in Fächern oder fächerübergreifend*: z. B. das Present Perfect im Englischen bilden oder die Bundesländer Deutschlands benennen können.

Bei der Frage nach der *Erweisbarkeit bzw. Überprüfbarkeit* geht es darum festzulegen, anhand welcher Handlungen der Lernerfolg der Schüler überprüft werden kann, und bei der Frage nach der *Lehr-Lern-Prozessstruktur* geht es letztlich um die Methodenfrage einschließlich der Medien.

Aus dem Anspruch, dass seine Didaktik kritisch-konstruktiv sein soll, leitet Klafki methodische Ansprüche ab. Ein traditioneller Frontalunterricht wird den Forderungen nach Selbstbestimmung, Mitbestimmung und Solidarität nur schwer gerecht. Klafki präferiert demgegenüber einen Unterricht, der handlungsorientiert, exemplarisch und genetisch-entdeckend ist. Das heißt, den Schülern sollen nicht (nur) vorgefertigte Regeln, Strukturen und Lösungen geboten werden, sondern sie sollen möglichst selbst Regeln, Strukturen und Lösungen finden, beispielsweise den Aufbau grammatikalischer Strukturen, mathematische Formeln oder gesellschaftliche Entwicklungen analysieren.

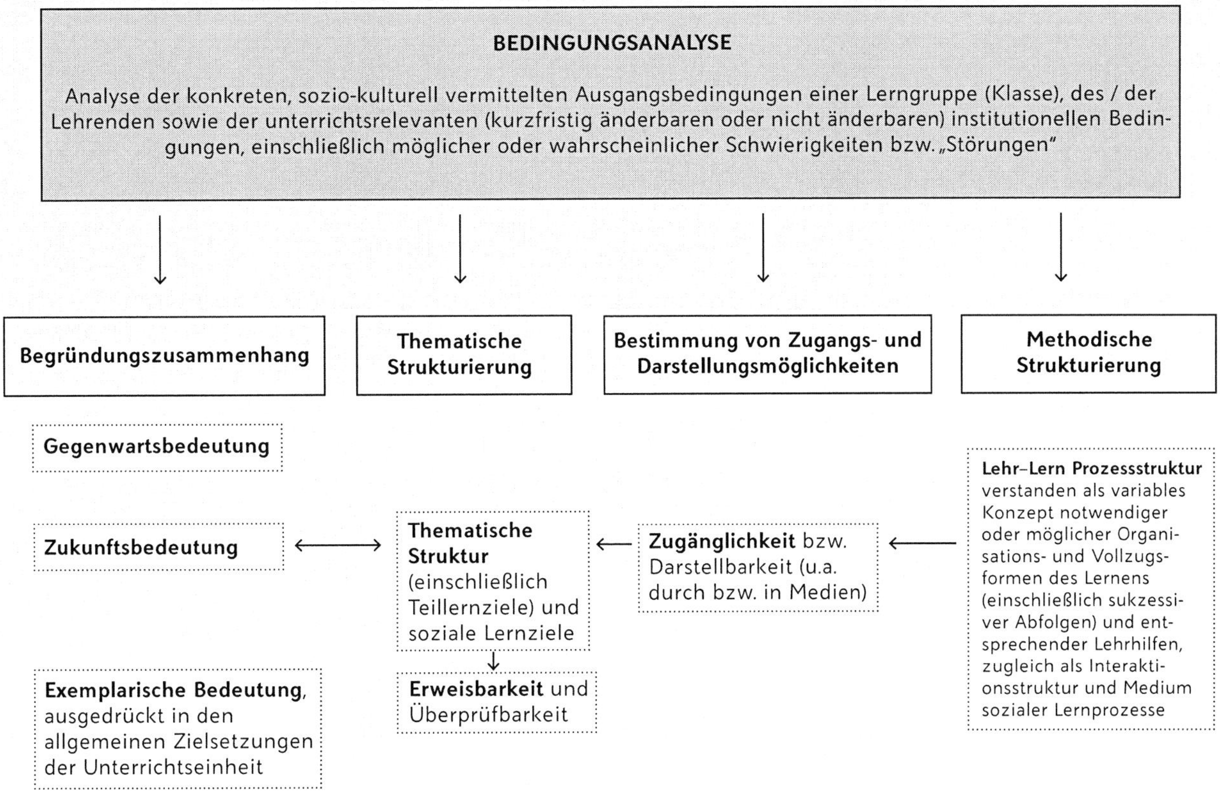

Perspektivenschema nach Klafki

Checkliste

Zentrale Begriffe, die Sie kennen sollten!

- Kritisch-konstruktive Didaktik

- Allgemeinbildung

- Epochaltypische Schlüsselprobleme

- Perspektivenschema

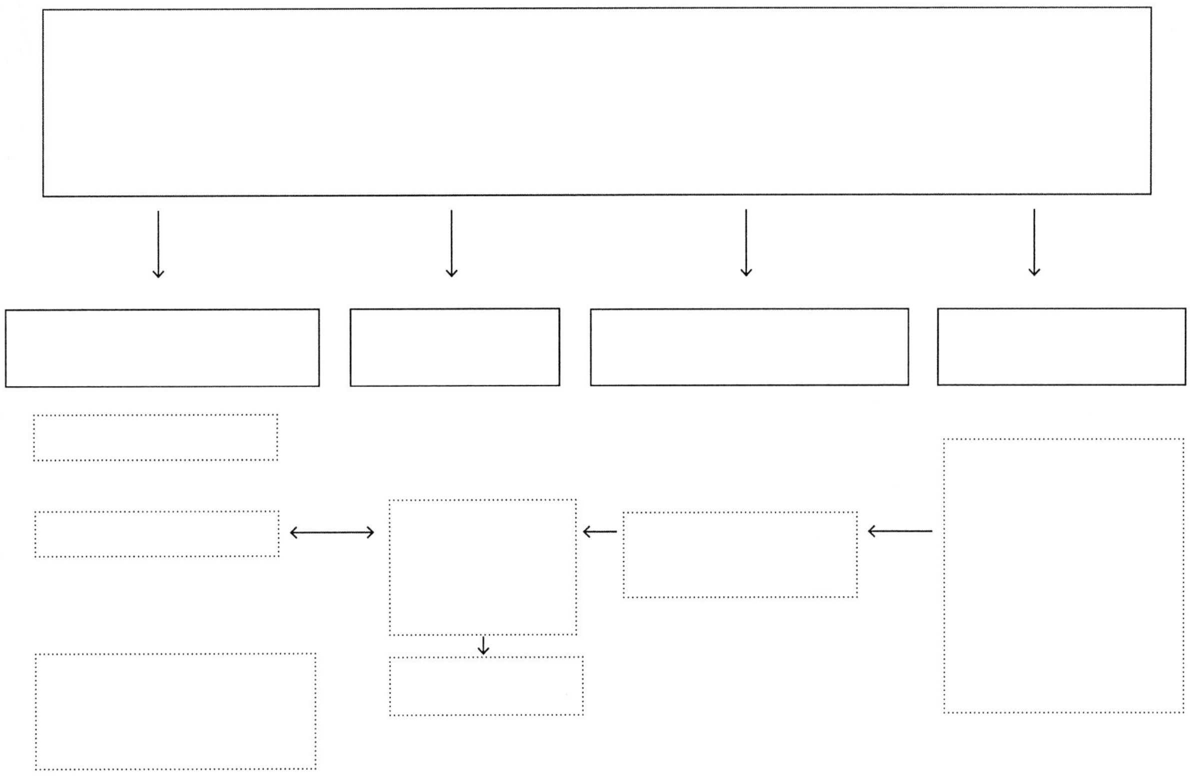

Aufgaben

Testen Sie Ihr Können!

- Niveau 1: Nennen Sie die wesentlichen Bausteine des Perspektivenschemas.

- Niveau 2: Welche Aspekte hat Klafki seiner Bildungstheoretischen Didaktik bei der kritisch-konstruktiven Didaktik hinzugefügt?

- Niveau 3: Inwiefern können epochaltypische Schlüsselprobleme hilfreich sein, um eine Allgemeinbildung im Sinne Klafkis umzusetzen?

Die Konstruktivistische Didaktik

WARUM ICH DIESES KAPITEL LESEN SOLLTE?

Eines Tages soll der Gärtner von Pablo Picasso in dessen Atelier gegangen sein, um weitere notwendige Gartenarbeiten zu besprechen. Als er das Studio betrat, schaute er sich zunächst ein wenig um, sah an der Wand ein Bild angelehnt, konnte aber nicht erkennen, was es darstellen sollte. Deshalb deutete er mit seinem Finger in die entsprechende Richtung und fragte seinen Chef: „Meister, was ist das auf diesem Bild?" Der berühmte Maler antwortete: „Ein Pferd." Danach betrachte der Gärtner das Bild auf der Staffelei, an dem sein Chef gerade arbeitete. „Und das", fragte er. „Das ist das Bildnis einer schönen Frau", entgegnete der Künstler. Darauf wurde der Gärtner nachdenklich. „Verzeiht Meister", sagte er, „aber wenn Ihr so schlecht seht, warum seid Ihr dann ausgerechnet Maler geworden?"

Picasso's „Bildnis einer schönen Frau"

Wenn der Gärtner das obige Bild gesehen hat, dann ist die Frage schon berechtigt, um was es sich dabei handelt. Nur wenige, der von uns befragten Studierenden erkannten darin ein Frauengesicht und wenn, dann nicht unbedingt ein schönes. Aber gerade das Verständnis von Schönheit eignet sich, um das Grundverständnis einer philosophischen Strömung zu verdeutlichen, die sich als Konstruktivismus bezeichnet. Dieser hat sich aus der Erkenntnistheorie (Epistemologie) entwickelt und geht von folgender Kernannahme aus: Es gibt nicht die eine objektive Welt, sondern diese wird durch den Betrachter selbst konstruiert. Deswegen ist Schönheit auch eine subjektive Wahrnehmung und wird von jedem von uns anders empfunden. Es gibt bei den Phänomenen, die uns umgeben nicht nur die eine Wahrheit, wie es Lehrerinnen und Lehrer gerne ihren Schülern vermitteln. Picasso wird der Ausspruch zugeschrieben: Wenn es nur eine einzige Wahrheit gäbe, so könnte man nicht hundert Bilder über dasselbe Thema malen.

Aber auch ganz konkrete Phänomene werden nicht von jedem gleich wahrgenommen, sondern mit einer Vielzahl bereits vorhandener Assoziationen verknüpft und so die Wahrnehmung gleichzeitig selektiert und individuell konstruiert.

Lassen wir einmal zwei Studenten über unseren parkartigen Augsburger Uni-Campus gehen. Der eine studiert Germanistik und der andere Biologie mit Schwerpunkt Botanik. Nehmen wir an, die beiden haben einfach aus Interesse ein Philosophie-Seminar belegt. Nun fragt sie der Philosophie-Professor, welche Bäume sie denn bei ihrem Spaziergang über den Campus gesehen haben. Der Germanistik-Student wird vermutlich eher etwas irritiert sein und vielleicht ein oder zwei Baumarten nennen können und das eventuell eher als Vermutung als tatsächliche Wahrnehmung. Der Botanik-Student dagegen wird viele Baumarten nicht nur nennen, sondern sogar ihren Standort auf dem Uni-Gelände wissen und vielleicht noch ein paar Details dazu. So nehmen vielleicht durchaus beide die parkartige Campuslandschaft positiv wahr, aber dennoch sehr unterschiedlich: der Eine unter ästhetischen Aspekten, der Andere unter wissenschaftlichen.

Der Konstruktivismus ist nur ein jüngerer „Ableger" eines sehr viel älteren und zentralen Gebietes der Philosophie, der Erkenntnistheorie, die sich seit der Antike damit beschäftigt, wie Erkenntnis, Wissen, Überzeugungen zustande kommen, wie letztendlich unsere Vorstellung von Wirklichkeit entsteht und ob es eine objektive Wahrheit gibt. *Sokrates* soll gesagt haben, dass er sich nur seines Nichtwisssens sicher sei. Oder sehr viel später im 19. Jahrhundert formulierte ein anderer bedeutender Philosoph, *Arthur Schopenhauer*, „die Welt ist meine Vorstellung" (Schopenhauer 1844, Bd. 1, $ 1).

In der Vorrede zur zweiten Auflage seines erkenntnistheoretischen Werkes „Kritik der reinen Vernunft" schreibt *Immanuel Kant*, dass „die Vernunft nur das einsieht, was sie selbst nach ihrem Entwurfe hervorbringt" (Kant 1990). Damit sagt Kant, dass man niemandem vernünftig „machen" kann. Einsichten müssen von selbst kommen. Vernunft und damit eben Denken bzw. Lernen sind zunächst individuelle Vorgänge und ebenso z. B. das Empfinden von Schönheit oder die Vorstellungen von Moral. Man kann niemandem Antworten auf Fragen der Schönheit oder der Moral aufzwingen. Man kann nur vorhandene Phänomene oder Erkenntnisse aufzeigen, was der Einzelne damit macht, hängt von seinen individuellen geistigen Möglichkeiten, seinen Erfahrungen, seinen Denkstrukturen, seinen Motiven und Motivationen ab. Damit beschreibt schon Kant wesentliche Grundsätze der erst Ende des 20sten Jahrhunderts sich formierenden *Konstruktivistischen Didaktik.*

Immanuel Kant (1724 – 1804)

Einer seiner Nachfolger auf dem Philosophie-Lehrstuhl in Königsberg und einer der Urväter der Verhaltensforschung, der Nobelpreisträger *Konrad Lorenz,* hat ebenfalls schon Grundsätze der Konstruktivistischen Didaktik vorweggenommen. „Ganz selbstverständlich müssen wir annehmen", so schreibt er, dass „das An-sich-Bestehende noch sehr viele andere Seiten hat, die aber für uns [...] nicht lebenswichtig sind. Wir haben »kein Organ« dafür" (Lorenz, 1979, S.19)

Konrad Lorenz (1903 – 1989)

Dieses „nicht lebenswichtig sein" kann ein Biologe, der Lorenz sicher primär war, artspezifisch auf den Menschen allgemein beziehen. Er meinte es aber durchaus auch individuell. Wie mithilfe des Beispiels der beiden über den Campus spazieren, den Studenten zu veranschaulichen versucht wurde, nimmt jeder nur das wahr, was für ihn wichtig ist. Didaktisch ist dies insofern bedeutsam, resultiert daraus doch Lernbereitschaft, also die Motivation, sich mit etwas auseinanderzusetzen. Was wir für wichtig erachten, hängt wiederum eng mit unserer individuellen Sozialisation, also unserer Lernbiographie zusammen. Als einer der Ersten wies Anfang der 1970er Jahre der Münchener Biologie-Professor Frederick Vester in seinem bis heute auch oder vor allem unter Pädagogen viel zitierten Bestseller „Denken, Lernen, Vergessen" auf die Bedeutung der frühkindlichen Lernerfahrungen als Determinanten für eine neurologische Grundstruktur des Gehirns hin. Heute, im Computerzeitalter, könnte man metaphorisch sagen: In der Kindheit wird das Betriebssystem unseres Gehirns durch unsere individuellen Lernerfahrungen programmiert.

Auf diesem neurologischen Hintergrund von höchst individuellen Wahrnehmungs-, Denk- bzw. Lernmechanismen prägten die chilenischen Neurobiologen *Humberto R. Maturana* und *Francisco J. Varela* dafür den Begriff *Autopoiesis.* Dieser besagt, dass Lebewesen geschlossene, autonome Systeme sind, die zwar in Wechselbeziehung zu ihrer Außenwelt stehen, aber die Impulse der Außenwelt sehr individuell verarbeiten. Neurophysiologen sagen dazu, unsere Gehirne sind *strukturdeterminiert* und arbeiten *selbstreferenziell.* Strukturdeterminiert meint, dass unsere Gehirne durch unsere Lernumwelt in einer spezifischen,

individuellen Art und Weise programmiert sind. Das kann veranschaulicht werden am Beispiel dessen, was wir Musikalität nennen. Ein Kind, das in seiner frühen Kindheit kaum mit Musik, schon gar nicht im Sinn des aktiven Musizierens, konfrontiert wird, kann nicht die Musikalität eines W. A. Mozart entwickeln. Die Lebensumwelt determiniert auch unsere Wahrnehmung. So haben z. B. die Bewohner von tropischen Regenwaldregionen eine viel größere Differenzierung in der Wahrnehmung und Kommunikation der Farbe „Grün", bei den Inuit der Polarregionen ist es die Farbe „Weiß". Dafür haben bei uns schon Grundschulkinder eine höchst differenzierte Wahrnehmung unterschiedlicher Autotypen oder anderer zivilisatorischer Errungenschaften.
Selbstreferenziell bedeutet, dass unser Gehirn selektiv arbeitet und alle Inputs aus der Außenwelt dahingehend prüft, ob sie für uns interessant, sinnvoll oder nützlich (viabel) sind. Diese Frage nach der Viabilität ist ein im Menschen evolutionär angelegter Mechanismus der energetischen Steuerung. Nur für sinnvoll empfundene Handlungen (auch Lernaktivitäten) lohnt es sich Energie aufzuwenden. Sinnlos erscheinende Tätigkeiten sind Energieverschwendung und deshalb verspüren wir dafür in der Regel auch keine intrinsische Motivation.

Ein wichtiges Bindeglied zwischen der „reinen" Erkenntnistheorie und der Didaktik ist der Schweizer *Jean Piaget*. Gemeinhin wird er als einer der bedeutendsten Entwicklungspsychologen des 20sten Jahrhunderts gehandelt. Er selbst hat sich aber vor allem als Erkenntnistheoretiker verstanden. Im überwiegenden Teil seiner Schriften befasste er sich mit der Entwicklung der Denkstrukturen des Kindes und Jugendlichen, also des Weltverstehens.

Jean Piaget (1896-1980)

Piaget beschreibt darin präzise, dass sich die Denkstrukturen von Kindern und Jugendlichen durch ständig neue Erfahrungen, die verinnerlicht und reflektierbar werden, immer mehr erweitern. Die Entstehung der Wirklichkeit ist nicht eine Anhäufung fertiger Strukturen, sondern ein ständiges Sich-in-Konstruktion-Befinden oder, mit anderen Worten: *Denken ist verinnerlichtes Tun.* Die Konstruktion der Erkenntnis entsteht nicht durch die bloße Abbildung einer passiv erfahrenen Wirklichkeit, sondern in der Auseinandersetzung mit der Realität (Vgl.: Piaget, J.: Psychologie der Intelligenz. München 1974).
Eine andere für den Konstruktivismus häufig genannte wissenschaftliche Quelle ist die Systemtheorie. Sie wiederum ist in verschiedenen Lebensbereichen etabliert: Man kann das Gehirn als System betrachten, aber auch den ganzen Menschen. Es gibt außerdem die soziologische Variante, die gesellschaftliche Systeme beschreibt oder in der Technik die kybernetischen. Systeme sind autopoietisch und streben nach Homöostase (Gleichgewicht). Dies ist bei einem Heizungssystem genauso wie in vielen Bereichen der menschlichen Physis (z. B. die Körpertemperatur oder das Hormonsystem) oder der Psyche einschließlich der Lernprozesse, wie dies etwa Jean Piaget beschreibt. Wenn wir durch irgendeinen Anlass (also z. B. ein Problem, das wir lösen müssen) aus unserem psychischen Gleichgewicht gebracht werden, beginnt unser Gehirn zu arbeiten. Wir nehmen Informationen auf und versuchen diese mit bereits vorhandenem Wissen zu verknüpfen. Dabei gibt es zwei Möglichkeiten: Entweder es gelingt, die neue Information in das vorhandene Wissen so zu integrieren, dass keine Widersprüche entstehen, *(Assimilation)* oder dieser Versuch scheitert und das vorhandene Wissen muss verändert werden *(Akkomodation)* (vgl. Piaget 1974). Dadurch konstruieren wir uns Wirklichkeit. Jeder von uns kennt unzählige Beispiele für diesen Vorgang: Jeder kennt die Situation, dass plötzlich ein Gerät im Haushalt nicht mehr richtig funktioniert und man versucht zunächst den Fehler selbst zu finden und zu beheben oder man hat sich
eine Kommode bei einem Möbelmitnahmemarkt gekauft und muss diese nun zuhause selbst zusammenbauen. Leider lassen sich im Unterricht nicht so leicht vergleichbare Situationen aus der Schülerperspektive finden und dies ist letztlich ein Grund für die oft wenig erfolgreichen Motivierungsversuche von Lehrpersonen. Wir versuchen dennoch ein Beispiel zu geben:

In den Naturwissenschaften ließen sich durch Naturphänomene oder auch technische Vorgänge, die wir alle kennen, aber kaum jemand erklären kann, solche Prozesse der Assimilation und Akkomodation auslösen. Diverse langjährige Fernsehproduktionen wie Löwenzahn für die Kleinen oder Quarks & Co. für die Größeren leben davon. Aber auch im Fremdsprachenunterricht gäbe es diesbezüglich mit Hilfe der digitalen Medien Potenziale, die Lehrkräften in der Vergangenheit nicht zur Verfügung standen. Merkwürdigerweise werden diese selbst von jungen Lehrkräften nach wie vor kaum genutzt, obwohl digitale Medien in deren privatem Alltag völlig selbstverständlich sind. Fremdsprachenunterricht ist immer noch sehr papierlastig (z. B. Texte lesen, schreiben und übersetzen). Oftmals sind auch noch die Inhalte nicht besonders altersgemäß oder lebensnah. Was machen aber Lehrkräfte wie Schüler im „wirklichen Leben". Sie schreiben E-Mails, sie chatten oder sie kommunizieren via „Skype". Die Nutzung dieser Möglichkeiten im Fremdsprachenunterricht sollte in einer globalisierten Welt, in einem zeitgemäßen Bildungsverständnis, eine Selbstverständlichkeit sein. Es ist kaum ein großes Problem, eine Partnerschaft z. B. mit einer Schule im englischsprachigen Ausland anzubahnen. Werden die Schüler nun in die Situation versetzt, dass sie unmittelbar mit Gleichaltrigen in einer Fremdsprache kommunizieren müssen, gelingt es entweder mit dem vorhandenen Repertoire an Vokabeln und grammatikalischen Strukturen den kommunikativen Anforderungen ad hoc gerecht zu werden (Assimilation) oder nicht. Dann setzen die akkomodativen Prozesse des Vokabelsuchens, des Umschreibens usw. ein. Ein besonderer „Motivierungsaktionismus" von Seiten der Lehrkraft ist hier in der Regel kaum noch notwendig. Dies gilt umso mehr beim Chat oder der direkten Konfrontation mit dem Gesprächspartner via „Skype".

Wenngleich auch andere didaktische Theorien oder Konzepte (z. B. Herbart, Montessori, Klafki) schon die Bedeutung des Individuums beim Lernen erwähnen, wird doch nirgendwo folgende Grundposition der konstruktivistischen Didaktik so massiv vertreten: *Lernen ist nicht machbar.* Als metaphorisches Extrem für die gegenteilige Auffassung steht der aus dem 17ten Jahrhundert stammende Begriff des „Nürnberger Trichters":

„Nürnberger Trichter"

Zweifelsfrei gilt eine solche Vorstellung in der heutigen didaktischen Wissenschaft als absurd. Denn ist der Glaube an die Machbarkeit des Lernens in der Schulpraxis noch nicht Historie. Nach wie vor vollzieht sich der Unterricht häufig nach den Mechanismen der Reproduktion eines einheitlichen Lehrkanons, vermeintlicher objektiver, unumstößlicher Wahrheiten und scheinbar perfekter Lösungswege. Individuelle, kreative Herangehensweisen, eigene Interessen oder der Erkenntnisgewinn der Lernenden durch Versuch und Irrtum spielen vor diesem Hintergrund kaum eine Rolle. Dies steht in erheblichem Widerspruch zu den Vorstellungen einer konstruktivistischen Didaktik, wonach jeder Schüler den Lernprozess für sich vollzieht und sich seine Wirklichkeit selbst konstruiert. Sowohl die Situiertheit als auch die soziale Verflechtung haben darauf einen entscheidenden Einfluss. Aus kognitionspsychologischen und neurobiologischen Studien ist heute bekannt, dass unsere Sinnesorgane sehr viel mehr Informationen aufnehmen als letztendlich in unserem Gehirn bewusst verarbeitet werden. (Pinel/Pauli 2007, S. 202 ff; Vester 2001, S. 90 f). Deshalb werden unsere bewussten Denkprozesse vor allem von solchen sensorischen Impulsen aktiviert, die im Moment für uns wichtig (situiert) erscheinen. Daraus lässt sich ein typischer Slogan für die Konstruktivistische Didaktik ableiten: Man kann einen Esel zur Tränke führen, ihn aber nicht zum Trinken zwingen.
Damit er trinkt, muss der Esel auch Durst haben. Mit anderen Worten: Man kann einen Schüler in die Schulbank setzen. Dies bedeutet aber noch nicht, dass er überhaupt und erst recht nicht (intrinsisch) motiviert lernt.

Die oben genannte Auffassung des Lernens resultiert aus einer Reihe von Hypothesen des Konstruktivismus, wobei anzumerken ist, dass es *den* Konstruktivismus nicht gibt. Vielmehr wird grundsätzlich zwischen einem radikalen und einem moderaten Konstruktivismus unterschieden. Während die radikale Ausprägung davon ausgeht, dass es keine Wahrheit gibt und insofern alles konstruiert ist, erkennt die moderate Ausprägung an, dass es die Möglichkeit von Wahrheit gibt, ja geben muss, um den Konstruktivismus nicht selbst ad absurdum zu führen. Auch aus Gründen der Kommunikationsfähigkeit ist es notwendig, von bestimmten verbindlichen Wahrheiten auszugehen. So haben wir uns z. B. per definitionem darauf verständigt, was ein Baum oder ein Stuhl ist. Lediglich bei der Frage, ob der Stuhl schön oder bequem ist, wird die Wahrheit wieder subjektiv bzw. man würde - philosophisch korrekter – dann von Wahrhaftigkeit sprechen. Insofern folgen wir der moderaten Position. Dessen Grundannahmen lauten:

- Es gibt keine objektive Wirklichkeit, aber dennoch die Möglichkeit von Wahrheit.

- Das, was wir wahrnehmen, ist von individuellen (genetischen, sozialen, kontextuellen, kognitiven, motivationalen u. v. a. m.) Bedingungen geprägt.

- Wissen entwickelt sich auf den bereits vorhandenen individuellen Denkstrukturen in der Auseinandersetzung mit der Umwelt weiter.

Kersten Reich spricht in Anlehnung an *John Dewey* von „bargain counter", also vom „Wühltisch", um eine am Konstruktivismus orientierte Unterrichtsaufbereitung zu charakterisieren. Konstruktivistischer Unterricht muss folglich den Lernenden ein vielfältiges Angebot machen, damit jeder darin etwas für sich finden kann, also mindestens einen Aspekt, der zentrale Momente einer Lernaktivierung (Motivation) anspricht: Situiertheit, Viabilität, Selbstreferenz und Selbstorganisation. „Der eigenaktive Umgang mit dem Wühltisch, die eigenständige Auswahl aus dem Angebot des Supermarktes, statt die manipulierte Übernahme vorgesehener Inhalte, das soll – ganz gemäß dem Gedanken der subjektiven Didaktik – die neue Didaktik absichern" (Peterßen 2001, S. 117)

Heinz Mandl und Gabi Reinmann-Rothmeier konzipierten in Anlehnung an ein konstruktivistisches Unterrichtsverständnis den didaktischen Begriff *Lernumgebungen*. Eine Lernumgebung ist ein Arrangement von Unterrichtsmethoden, Arbeitstechniken und Lernmaterialien bzw. Informationsmedien mit einem Bezug zur realen Lebenssituation der Schüler/innen bzw. dem kulturellen Kontext der Schule. Es wird mit diesem Ansatz bewusst ein Kontrapunkt zum dominierenden Frontalunterricht gesetzt, der in seiner unreflektierten Form häufig träges Wissen vermittelt. Einer der zentralen Ansprüche der Konstruktivistischen Didaktik ließe sich mit der Umformulierung eines bekannten Werbeslogans eines schwedischen Möbelhauses auf den Punkt bringen: Paukst du noch oder lernst du schon?

Daraus ergeben sich einige didaktische Leitlinien:

- Situiert und anhand authentischer Probleme lernen
- In multiplen Kontexten und unter verschiedenen Perspektiven lernen
- In sozialen Kontexten lernen
- Wissen von den Lernenden selbst konstruieren lassen

Auch wenn das Rad schon vor 6000 Jahren erfunden wurde, können Schüler dieses wieder entdecken *(Rekonstruktion)* bzw. als vereinfachte Form, einen exakten Kreis konstruieren. Außerdem können erworbene falsche Vorstellungen (z. B. die Sonne geht im Osten auf) durch neue Erkenntnisse verändert werden *(Dekonstruktion)* (z. B. die Erde dreht sich von Westen nach Osten der Sonne im 24-Stunden-Rhythmus entgegen).

Die Konstruktivistische Didaktik erscheint im Vergleich zu anderen Didaktiken „anders", „neu", „innovativ". Insofern überrascht es nicht, dass es an Bedenkenträgern nicht mangelt. Nicht alle Einsprüche sind berechtigt, obschon nicht von der Hand zu weisen ist, dass es auch nachvollziehbare Kritik gibt und nicht alle Versprechen, Ideale und Visionen einer konstruktivistischen Didaktik sich realisieren lassen. In jedem Fall ist es Verfechtern der Konstruktivistischen Didaktik zu verdanken, sowohl die Theoriebildung innerhalb didaktischer Modelle, als auch unterrichtspraktische Reformbestrebungen initiiert zu haben. Davon lebt Wissenschaft und davon lebt die Praxis.

Checkliste

Zentrale Begriffe, die Sie kennen sollten!

- Konstruktivismus

- Autopoiesis

- selbstreferenziell, variabel, situiert

- Konstruktivistische Didaktik

- Lernumgebung

Aufgaben

Testen Sie Ihr Können!

- Niveau 1: Beschreiben Sie die Kernaussage einer konstruktivistischen Didaktik

- Niveau 2: Erläutern Sie, warum Lernen im Konstruktivismus situiert, aktiv, konstruktiv und sozial zu verstehen ist.

- Niveau 3: Erörtern Sie die Grenzen einer konstruktivistischen Didaktik.

Von der Regeltechnik zum Unterricht - die Informationstheoretisch-kybernetische Didaktik

WARUM ICH DIESES KAPITEL LESEN SOLLTE?

Es war Anfang Oktober als ich bei Einbruch der Dunkelheit mit meinen Eltern und den meisten Nachbarn auf der Straße stand und versuchte einen winzigen Lichtpunkt am Himmel zu erkennen. Alle waren sehr aufgeregt, was ich als kleiner Bub überhaupt nicht verstand. Es bahnte sich dort am Nachthimmel keine Naturkatastrophe an, aber, wie ich erst sehr viel später verstand, ein politisches Desaster. Was sich dort scheinbar gemächlich über den Nachthimmel schob war Sputnik 1, der erste künstliche Satellit. Dies war damals ein technisch gewaltiger Schritt, vielleicht wie die erste Überquerung des Atlantiks mit einem Flugzeug oder die Einführung der Röntgenstrahlen in der Medizin. Allerdings jubelten nur die Bewohner der Sowjetunion, wo dieser künstliche Erdtrabant konstruiert und ins Weltall geschickt worden war. In diesen Zeiten des „kalten Krieges" löste dieser Sputnik in der westlichen Welt einen Schock aus. Die USA und ihre Verbündeten glaubten sich der Sowjetunion in ihrer technischen Entwicklung und im Rückschluss auch in ihren Bildungssystemen lange Zeit überlegen bis dann dieser Satellit am Nachthimmel auftauchte. Der Sputnik-Schock trat eine Lawine bildungspolitischer Debatten los. Die Frage war, was kann man tun, um die scheinbaren Defizite gegenüber dem sozialistischen Schulsystem zu kompensieren. Unter anderem schien dabei eine damals gerade in Mode kommende lernpsychologische „Schule" die richtigen Antworten zu bieten. Es handelt sich dabei um den Behaviorismus. Dass dieser auch im Ostblock sehr beliebt war, schien dabei irrelevant bzw. vielleicht sogar für seine Vorzüge zu sprechen. Man kann Verhalten (und damit auch Lernprozesse) durch Reiz-Reaktionsmuster steuern, war die zentrale Prämisse dieser psychologischen Schule. Dieser Ansatz wurde auch in die nachfolgend dargestellte didaktische Theorie übernommen.

Die beiden Protagonisten dieser Didaktik *Felix von Cube* und *Helmar Frank* hatten, in der Didaktiker-Riege eher untypisch, eine starke Verwurzelung in der Mathematik bzw. den Naturwissenschaften. Frank arbeitete zunächst als Lehrer für Mathematik und Physik, von Cube für Mathematik und Biologie. Ihre Lebenswege kreuzten sich an der Pädagogischen Hochschule Berlin, wo beide 1963 auf Professuren berufen wurden. Wohl basierend auf den behavioristischen Lerntheorien, die in den 1960er Jahren enorm an Popularität gewannen, übernahmen die beiden die Idee, dass sich Lernprozesse steuern lassen. Etwa zur gleichen Zeit und vermutlich als eine Reaktion auf den Sputnik-Schock wurde in den USA ein didaktisches Konzept entwickelt, das als Programmierter Unterricht bezeichnet wurde. Schüler sollten mit Hilfe speziell entwickelter Lernmaterialien'(Arbeitsbücher, Lernkarteien, Lernmaschinen) autonom lernen können. Diese Materialien waren so konzipiert, dass der Lernende sich selbst kontrollieren und gegebenenfalls durch variierte Lernschritte korrigieren konnte. Dieses Prinzip konnte man schon als Regelkreis bezeichnen, wie dies aus Natur und Technik hinlänglich bekannt war.

Als mathematisch-naturwissenschaftlich vorgebildeten Professoren an einer Pädagogischen Hochschule muss es für von Cube und Frank wohl relativ nahegelegen haben, dieses Prinzip didaktisch auszubauen. Ein relativ neues Derivat der Mathematik beeinflusste ebenfalls die Theoriebildung der beiden Didaktiker, die Informationstheorie. Im weiteren Sinne wurde diese auch als Theorem für Kommunikationsprozesse oder neurologisch-kognitive Vorgänge herangezogen. Demzufolge wird Lehren und Lernen vor allem als Austausch von Informationen betrachtet, die im kybernetischen Sinne regelbar sind. Auf diesem Hintergrund entwickelten Felix v. Cube und Helmar Frank didaktische Theorien, die heute unter der Bezeichnung *Informationstheoretisch - Kybernetische Didaktik* zusammengefasst werden.

Der Machbarkeitsoptimismus auf dem Hintergrund der Steuerbarkeit von Lernprozessen war nicht nur eine Reminiszenz an den Behaviorismus, sondern auch von der Notwendigkeit geprägt, nach dem Sputnik-Schock möglichst effizient vermeintliche schulische Defizite zu kompensieren. Dies beschreibt von Cube (1977, S. 66. ff) dahingehend, dass seine Didaktik den Anspruch hat, für jede Lehr-Lernsituation die schlechthin optimale Strategie zu entwickeln, so dass Zeit, Aufwand und persönliche Voraussetzungen des Lerners in einem effizienten Verhältnis stehen und unerwünschte „Nebenwirkungen" möglichst klein gehalten werden.

Als didaktisches Modell lässt sich die Informationstheoretisch-Kybernetische Didaktik als Regelkreis darstellen.

Ähnlich wie bei einer Heizungsanlage die gewünschte Temperatur als ein bestimmtes, zu erreichendes Ziel (Soll-Wert) vorgegeben wird, ist Unterricht zu sehen. Allerdings ist hier der Soll-Wert nicht eine Temperatur, sondern ein Lernziel. Während bei einer Heizungsanlage viele verschiedene Bauteile die Funktionen des

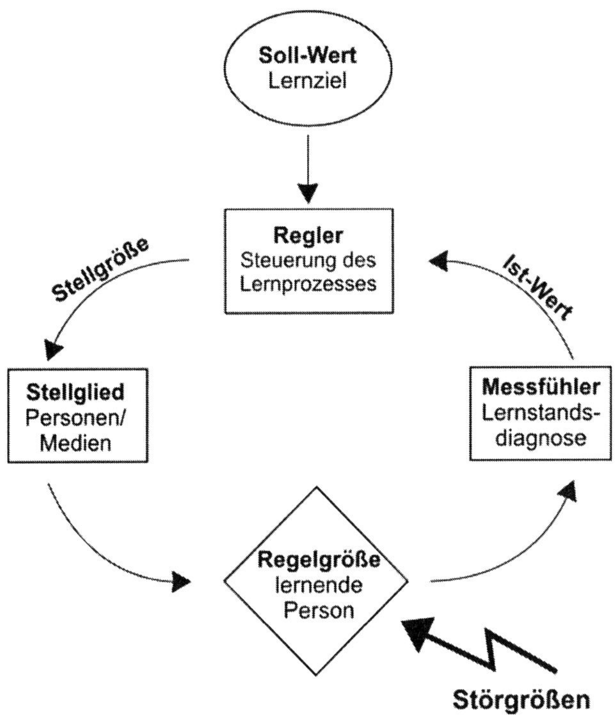

Reglers, des Messfühlers usw. übernehmen, übernimmt im Unterricht die Lehrperson all diese Funktionen. Der Lehrer setzt die Ziele, er regelt den Lernprozess mit Hilfe von Aufgaben und Medien (Stellglied) und vergleicht den Ist-Wert (aktueller Lernstand) mit dem Soll-Wert, um gegebenenfalls (wenn Ist-Wert und Soll-Wert noch nicht übereinstimmen) mit neuen Stellgrößen (variierten Methoden) nach zu korrigieren. Felix von Cube hat aber explizit darauf hingewiesen, dass sein Regelkreis-Modell kein Personen-, sondern ein Funktionsschema ist (1980, S. 121), bei dem die Lehrperson auch durch technische Medien ersetzt werden kann. Die Anwendung dieses Modells lässt sich durchaus für jeden Unterricht – ob geschlossen oder offen – vorstellen. So könnte der Soll-Wert von den Lernenden (mit)erarbeitet werden und auch die Übernahme der Stellglied- und Messfühlerfunktion z. B. im Rahmen von Gruppenarbeiten durch die Lernenden selbst erfolgen.

Mit der Überwindung des Sputnik-Schocks und der ersten bemannten Mondlandung im Jahre 1969 durch die US-Amerikaner geriet der Programmierte Unterricht und einige Jahre später auch die Informationstheoretisch-Kybernetische Didaktik fast in Vergessenheit. Der Effizienzaspekt trat zugunsten von Schülerorientierung und Bildungszielen wie Kritikfähigkeit, Emanzipation oder Mündigkeit in den Hintergrund. Rückblickend muss eingestanden werden: Zu Unrecht. Unterricht als Regelkreis hat viele Vorteile. Vor allem der Gedanke, Rückmeldungen einzuholen, mit Lernenden ins Gespräch zu kommen, nach Hinweisen zu suchen, ob Lernen wirklich stattgefunden hat, oder ob nur das Gefühl der Lehrperson das vermuten lässt. All das sind Kernaussagen einer Informationstheoretisch-kybernetischen Didaktik. Wenn man sich diese im Vergleich zu den anderen didaktischen Ansätzen anschaut, wie sie auch im vorliegenden Buch behandelt wurden, dann lässt sich feststellen, dass die genannten Kernaussagen Eingang in diese gefunden haben: In Wolfgang Klafkis Perspektivenschema findet sich als siebter Schritt die Evaluation des Lernprozesses und sowohl in der Berliner als auch in der Hamburger Didaktik ist die Frage, welchen Einfluss der Unterricht auf den Lernenden hat, nicht von der Hand zu weisen. Und selbst eine konstruktivistische Didaktik wird sich dieser Frage in der Praxis nicht verschließen. Hinzukommt, dass die zahlreichen Versuche, den Behaviorismus pädagogisch zu beseitigen, gescheitert sind, ja scheitern mussten: Natürlich lernen Menschen – nicht nur als Kind, sondern über die komplette Lebensspanne – von Vorbildern, durch Nachmachen von Vorgemachtem, durch Versuch und Irrtum. Insofern war, ist und bleibt der Behaviorismus eine wichtige Lerntheorie, die eine didaktische Bedeutung besitzt. Wichtig ist, und das ist letztlich der Verdienst von neueren Lerntheorien: Der Behaviorismus alleine erklärt nur unzureichend das Lernen von Menschen, so dass weitere Lerntheorien wichtig sind, um den Behaviorismus zu ergänzen und mögliche Verirrungen zu vermeiden.

Die Idee des Programmierten Lernens war vor diesem Hintergrund vielleicht einige Jahrzehnte zu früh in der Didaktik aufgetaucht. Sie war bis in die 1990er Jahre im Sinn der Lernmaterialien nur unzureichend umsetzbar. Heute sieht dies anders aus und deshalb könnte die Informationstheoretisch-Kybernetische Didaktik auch zu neuen Ehren gelangen. Einerseits zeigt sich die aktuelle Schulpädagogik unter der Perspektive einer empirischen Bildungsforschung stärker denn je dazu veranlasst, nach messbaren Erfolgskriterien des Unterrichts zu suchen. Der Effizienzaspekt gewinnt also wieder an Bedeutung und zeigt sich zum Beispiel an PISA, aber auch an den Studien von John Hattie. Andererseits sind heute vor dem Hintergrund einer Digitalisierung Lernprogramme machbar, mit denen Schüler tatsächlich autonom, interaktiv und in einem hohen Maß individualisiert lernen können. Dabei wählt der Lernende das Ziel (Soll-Wert). Alle anderen Funktionen übernimmt die Software. Aber auch im Sinne einer „Hybridbildung" mit den konstruktivistischen, autonomen Lernvorstellungen könnte die Informationstheoretisch-Kybernetische Didaktik durchaus dem heutigen Zeitgeist wieder entgegenkommen.

Checkliste

Zentrale Begriffe, die Sie kennen sollten!

- Sputnik-Schock

- Programmierter Unterricht

- Informationstheoretisch - Kybernetische Didaktik

- Regelkreis

- Behaviorismus

Aufgaben

Testen Sie Ihr Können!

- Niveau 1: Beschreiben Sie den Regelkreis, der in Anlehnung einer Informationstheoretischen-Kybernetischen Didaktik konstruiert werden kann.

- Niveau 2: Erläutern Sie an einem Beispiel, wie Lernprozesse mithilfe des Regelkreises gesteuert werden können.

- Niveau 3: Erörtern Sie, warum eine Informationstheoretisch-Kybernetische Didaktik auch heute noch bedeutsam sein kann.

Von der Vielfalt zur Einheit: Eklektische Didaktik als der Versuch der Neuausrichtung der Allgemeinen Didaktik

WARUM ICH DIESES KAPITEL LESEN SOLLTE?

Das Bemühen, in der Vielfalt die Einheit zu suchen, lässt sich in der Menschheitsgeschichte bis in die Antike zurückverfolgen. Dieses Streben wird wissenschaftstheoretisch mit dem Begriff „Eklektik" umschrieben, der in Abgrenzung zu einem Synkretismus und einem Eklektizismus, das bewusste Auswählen und reflektierte Zusammenführen sich unterscheidender Positionen meint. Auch in der Pädagogik lässt sich eine entsprechende Tradition festmachen, in der pädagogisches Handeln per se als eklektisches Handeln verstanden wird. Vor diesem Hintergrund erscheint es naheliegend, auch die Allgemeine Didaktik eklektisch zu fassen. Insbesondere die von Friedrich W. Kron in seinem Lehrbuch (2008) angeführten über vierzig existierenden didaktischen Modelle verdeutlichen die damit verbundene Aufgabe, innerhalb des allgemeindidaktischen Diskurses die Einheit in der Vielfalt zu suchen.
Im Folgenden werden Grundlinien und Erkenntnisstand einer eklektischen Didaktik formuliert. Dabei wird auf folgende Punkte eingegangen:

1. Traditionslinien
2. Theoretischer Anspruch und praktische Relevanz
3. Charakteristik des Ansatzes
4. Ausblick

1. Traditionslinien

Die Beschreibung der Traditionslinien einer eklektischen Didaktik muss in zwei Richtungen differenziert werden, die durchaus miteinander in Verbindung stehen, aber vom Ansatz her doch unterschiedlich sind: Erstens eine wissenschaftstheoretische Traditionslinie, die allgemein auf wissenschaftliches Denken und Handeln rekurriert und somit einen epistemologischen Ansatz aufgreift, und zweitens eine allgemeindidaktische Traditionslinie, die inhaltlich an Fragen des Lehrens und Lernens in unterschiedlichen professionalisierten Kontexten anschließt.
Zunächst zur wissenschaftstheoretischen Traditionslinie: Eine eklektische Didaktik sieht sich dem Verständnis einer Eklektik verpflichtet. Dieses lässt sich am besten mit den Begriffen der Auswahl und Integration beschreiben:

- Auswahl: Einer Eklektik geht es zunächst darum, aus einem Fundus an Erkenntnissen auszuwählen, Pluralität und Vielfalt in den Griff zu bekommen. Voraussetzung dafür ist, dass eine echte Auswahlsituation besteht, also eine Situation, in der eine Auswahl notwendig ist aus verschiedenen, zwar miteinander konkurrierenden, aber letztendlich sich nicht völlig ausschließenden Auffassungen, *weil jede für sich genommen* Anspruch auf Gültigkeit erheben kann, aber dennoch ergänzungsbedürftig bleibt.

- Integration: Aufgrund dieser echten Auswahlsituation kann sich eine Eklektik nicht damit begnügen, etwas nur auszuwählen. Sie muss das Ausgewählte miteinander verbinden, um der Auswahlsituation auch wirklich gerecht werden zu können. Insofern verfolgt eine Eklektik nicht das Ziel, Theorien auszuschließen und Wissen zu liquidieren, sondern zu integrieren.

Fasst man diese Überlegungen zusammen, so stellt Eklektik eine „Denk- und Arbeitsweise", ein „Verfahren", ein „Vorgehen" dar, nach Prüfung des Vorhandenen Teile oder das Ganze davon auszuwählen und miteinander zu verbinden (vgl. Strauß / Haß / Harras 1989; Wilpert 2001; Brockhaus 1997). In der Vergangenheit konnte eine Eklektik sowohl im philosophischen als auch im pädagogischen Kontext Fuß fassen und ihr Einfluss ist bis heute ungebrochen: In der Philosophie sind unter anderem die Arbeiten von *Michael Albrecht* (1994) und *Ken Wilber* (2002) zu nennen. Letzterer zählt heute zu den am meisten rezipierten Philosophen weltweit. Sein Ansatz wird als „integrale Philosophie" bezeichnet und basiert auf einem genuin eklektischen Grundsatz:

„I have a general rule: Everybody is right. Every single system ever offered has some degree of truth in it."
(Interview mit Reynold 2004, S. 377)

Im pädagogischen Kontext ist an erster Stelle *August Hermann Niemeyer* anzuführen, der aufgrund seiner wissenschaftshistorischen Stellung als „Primus inter Pares" bezeichnet werden kann und den Status eines Klassikers der Pädagogik innehat (vgl. Zierer / Saalfrank 2010).

Bereits 1796 hat er sein Hauptwerk „Grundsätze der Erziehung und des Unterrichts" veröffentlicht und darin Prinzipien und Vorgehen einer Eklektik in der Pädagogik grundgelegt. Dieses Verständnis einer Eklektik wurde in der Folge von einer Reihe von Wissenschaftlern aufgegriffen und modernisiert: Allen voran sind mit Blick auf den deutschsprachigen Diskurs Karl-Heinz Flechsig (1987) und Hermann Giesecke (2000) und mit Blick auf den internationalen Diskurs Joseph Schwab (1978) und Agnes Tellings (2001) zu nennen. Sie alle haben in unterschiedlichen pädagogischen Kontexten (Allgemeine Didaktik, Allgemeine Pädagogik, Curriculumforschung und Werteerziehung) das Verständnis einer Eklektik aufgegriffen und weiterentwickelt. Aktuell lässt sich auch das epochale Werk „Visible Learning" von *John Hattie* in diese Traditionslinie einordnen, obwohl dieser selbst nicht auf diese Quellen Bezug nimmt: Der Gedanke der Auswahl und Integration ist bei ihm dennoch leitend für die Synthese von Meta-Analysen (vgl. Hattie 2013).

Es liegt auf der Hand, dass die eben beschriebene wissenschaftstheoretische Traditionslinie in einen allgemeindidaktischen Kontext übertragen Spuren hinterlässt, womit die zweite Traditionslinie angesprochen ist: Die Allgemeine Didaktik zeichnet sich rückblickend durch eine nahezu unüberschaubare Vielfalt an Ansätzen aus, die für jede Weiterentwicklung eine Auswahl und Integration notwendig macht. Erneut sei an die über vierzig Ansätze erinnert, die Friedrich W. Kron (2008) in seinem Lehrbuch anführt. Sie alle für eine Weiterentwicklung aufgreifen zu wollen, würde ein aussichtsloses Unterfangen darstellen. Zudem lässt sich die Auffassung von Norbert M. Seel teilen, dass „sich die Erkenntnisfortschritte der ... Didaktik [trotz der angedeuteten Vielfalt] sichtbar in Grenzen halten, da im Grunde unentwegt an der fortlaufenden Elaboration und Ausdifferenzierung vor allem zweier didaktischer Modelle, dem bildungstheoretischen und dem lerntheoretischen, gearbeitet wurde und wird". (Seel 1999, S. 4) Seel spricht hier von der Kritisch-Konstruktiven Didaktik Wolfgang Klafkis sowie von der Lern- bzw. Lehrtheoretischen Didaktik von Paul Heimann und Wolfgang Schulz, auf die eine Eklektische Didaktik infolgedessen aufbaut. Hinzukommen Traditionslinien des Instructional Design, das als ein englischsprachiges Pendant der Allgemeinen Didaktik gesehen werden kann, die es außerhalb des deutschsprachigen Raumes nur sehr vereinzelt gibt. Dieser Blickwinkel in den US-amerikanischen Sprachraum ist ebenfalls dem Verständnis einer modernen Eklektik geschuldet, das in Zeiten einer zunehmenden Internationalisierung des wissenschaftlichen Diskurses eine Anschlussfähigkeit an entsprechende Kontexte impliziert.

2. Theoretischer Anspruch und praktische Relevanz

Entsprechend der Differenzierung in zwei Traditionslinien erscheint es mit Blick auf die Frage nach dem theoretischen Anspruch und der praktischen Relevanz ebenfalls notwendig, die dort getroffene Unterscheidung erneut aufzugreifen und sowohl aus einer wissenschaftstheoretischen Sicht als auch aus einer allgemeindidaktischen Sicht zu argumentieren:

Aus einer wissenschaftstheoretischen Sicht erfordert eine Eklektik eine reflektierte Zielperspektive. Denn einer Eklektik, *die unterschiedliche, auch widersprüchliche Positionen* auswählt und sichtet, geht es, wie bereits erwähnt wurde, nicht um Liquidation, sondern um Integration. Diese kann auf unterschiedlichem Weg *vonstatten gehen:*

- Synthese: Durch die Aufhebung des Widerspruchs zwischen einer Position A und einer Position B oder durch die Verbindung einer Position A und einer Position B entsteht eine neue Position C.

- Reduktion: In diesem Fall erfolgt die Integration durch die Einbettung einer Position A in eine Position B, wodurch eine neue Position C entsteht.

- Vertikale und horizontale Addition: In diesem Fall werden Position A und Position B, die zeitlich oder räumlich betrachtet aufeinander aufbauen, kumulativ subsumiert, so dass eine neue Position C entsteht.

- Orientierungs-Verallgemeinerung: Durch das Herauskristallisieren des Gemeinsamen, durch die Abstraktion auf ein widerspruchsfreies Niveau, durch das Bestimmen des gemeinsamen Nenners einer Position A und einer Position B lässt sich eine neue Position C formulieren.

Eine eklektische Didaktik lässt sich vor diesem Hintergrund als Orientierungs-Verallgemeinerung interpretieren, weil sie sich:

- auf ausgewählte didaktische Theorien beruft und diese zu einer Modellierung zusammenfasst, die sich als Grundlage für entsprechende Modellierungen versteht – und zwar sowohl für die der Allgemeinen Didaktik als auch für die des Instructional Design. Sie befindet sich somit auf einer anderen, grundlegenderen Ebene als alle bisher entworfenen Theorien.

- auf bestehende allgemeindidaktische Orientierungs-Verallgemeinerungen stützt und diese in ihre Modellierung integriert. Zu nennen ist an dieser Stelle das didaktische Dreieck, das didaktische Sechseck und ADDIE.

Aus allgemeindidaktischer Sicht erscheint die Differenzierung von Karl-Heinz Flechsig (1991) hilfreich, die dieser in der Auseinandersetzung mit didaktischen Modellen getroffen hat. Er unterscheidet zwischen Praxisbeschreibungen, Kategorialmodellen und Arbeitsmodellen:

- Praxisbeschreibungen bezeichnen eine tatsächliche Handlung zu einem spezifischen Zeitpunkt, etwa wenn vorgeschlagen wird, eine Unterrichtsstunde mit einem konkreten stummen Impuls zu eröffnen. Sie sind konkret und leiten ihren Wirkungsanspruch aus einer singulären (möglicherweise durchaus erfolgreichen) Situation ab: „So hab ich es gemacht! - So geht es."

- Kategorialmodelle bilden den Gegenpol dazu. Sie geben zum Beispiel an, welche Faktoren aus wissenschaftlicher Sicht einen gelingenden Unterrichtseinstieg ausmachen. Sie sind abstrakt und formulieren theoretische Ansprüche, aber bieten keine Anregungen zur praktischen Umsetzung dieser Ansprüche. Sie sagen dem Leser, um in der obigen Diktion zu bleiben: „Dies müsste man gewährleisten". Aber sie schweigen sich darüber aus, wie das zu bewerkstelligen ist.

- Arbeitsmodelle befinden sich hinsichtlich des Abstraktionsgrades zwischen Praxisbeschreibungen und Kategorialmodellen: Sie eröffnen wissenschaftlich abgesicherte Möglichkeitsräume für Praktiker und verstehen sich in diesem Sinn als Angebot. Sie sind nicht so konkret, dass sie nur in einer bestimmten Situation eingesetzt werden können oder aus dieser hervorgehen, aber sie sind auch nicht so abstrakt, dass sie nicht oder nur schwer in eine bestimmte Situation übertragen werden können. Somit nehmen sie eine Mittlerrolle zwischen einer eher theoretisch orientierten Begründung von Anforderungen und Beispielen für eine Umsetzung dieser Anforderungen ein. Die Beispiele wirken dabei weniger als Handlungsvorschrift, sondern als ideen-induzierende Anregung.

Arbeitsmodelle versuchen, die scheinbare Kluft zwischen Wissen und Handeln, zwischen Theorie und Praxis aufzuheben. In diesem Sinn stellen sie einen epistemologisch begründeten Versuch dar, mit „Wissen", „Noch-Nicht-Wissen" und „Nicht-Wissen-Können" – allesamt Grundbedingungen pädagogischen Denkens und Handelns – reflektiert umzugehen (vgl. Kahlert / Zierer 2011). Insbesondere die Modellierung einer eklektischen Didaktik orientiert sich am Leitbild des Arbeitsmodells und bietet folgenden Nutzen:

- Arbeitsmodelle können Wissensgebiete strukturieren und Lehrkräften helfen, Inhalte und Themen nach sachlogischen und lerntheoretisch belastbaren Überlegungen aufzubereiten.

- Arbeitsmodelle können als Innovationsträger dienen, da sie neue fachliche Kenntnisse und neue methodische Ideen in die Schule bringen.

- Arbeitsmodelle können die Unterrichtsplanung erleichtern, da sie die *zugrunde liegende* Komplexität theorieorientiert reduzieren – und damit sichern: Von ihnen ist zu verlangen, dass sie die wesentlichen Aspekte für den jeweils avisierten Unterricht berücksichtigen.

- Arbeitsmodelle können professionelle Reflexion fördern, indem Sachinformationen, Theoriebezüge sowie didaktische und methodische Begründungen angeboten werden.

Fasst man beide Aspekte zusammen, so lässt sich eine eklektische Didaktik als Theorie bezeichnen, deren Ziel es unter anderem ist, eine Modellierung zu liefern, die als Arbeitsmodell verwendet werden kann.

3. Charakteristik des Ansatzes

In diesem Punkt soll eine eklektische Didaktik näher erläutert werden. Es bietet sich hierfür an, von einer Definition auszugehen und daran anschließend die wichtigsten Aspekte vertiefend zu erläutern:

Eine eklektische Didaktik:

1. ist eine allgemeindidaktische Theorie,
2. basiert wissenschaftstheoretisch auf einer Eklektik, welche eine wissenschaftliche Methode zur Auswahl und Integration konkurrierender Positionen bezeichnet,
3. greift auf bestehende Orientierungs-Verallgemeinerungen der Allgemeinen Didaktik und des Instructional Design zurück und
4. bietet eine grundlegende Modellierung für die Analyse und Planung von Lehr-Lern-Situationen an, die als Arbeitsmodell dienen soll.

3.1 Eine eklektische Didaktik als allgemeindidaktische Theorie:

Trotz der langen Tradition, auf die die Allgemeine Didaktik zurückblicken kann, besteht kein Konsens darüber, was letztendlich als „allgemeindidaktisch" gelten kann und was nicht. Dieser Dissens wird weiter verschärft, wenn man bedenkt, dass die Allgemeine Didaktik außerhalb des deutschsprachigen Raumes kaum existiert. Geht man dabei von der grundlegenden Bestimmung der Didaktik als Wissenschaft vom Lehren und Lernen aus, so ist ihr Gegenstandsfeld in der Analyse und Planung von Lehr-Lernprozessen in pädagogischen Handlungsfeldern vornehmlich in den professionalisierten und institutionalisierten Bereichen zu sehen. „Allgemein" wird eine Didaktik in Abgrenzung zu „speziellen" Didaktiken (Fach-, Schularten- und Schulstufendidaktiken) dann, wenn ihre Erkenntnisse in allen Schularten, allen Schulstufen und allen Schulfächern sowie in nicht-schulischen Lehr-Lern-Kontexten Gültigkeit beanspruchen können. Dies deckt sich mit der epistemologischen Auffassung, wonach das Allgemeine in allen wissenschaftlichen Erkenntnissen darin zu sehen ist, dass das Einzelne diesem zu folgen hat (vgl. Hübner 2002, S. 194f.).

3.2 Eklektik als methodische Grundlage einer eklektischen Didaktik:

Weiter oben wurden bereits einige Aspekte angesprochen, die eine Eklektik kennzeichnen. Im Folgenden sollen diese nochmals aufgegriffen und mithilfe des Leitsatzes August Hermann Niemeyers „Alles prüfen! Das Beste behalten!" vertieft werden. Dieser Leitsatz hebt den Gedanken der Auswahl und der Integration hervor:

- Was ist alles? Erster Schritt eines eklektischen Vorgehens ist, eine Landkarte zu entwerfen, auf der sich ein Eklektiker bei seiner Suche nach Wahrheit und bei der Auswahl der Erkenntnisse orientieren kann, mit dem Ziel, alle möglichen Perspektiven auf einen Problembereich hin abfragen zu können. Es geht hierbei vor allem um die Sicherheit, keine wichtige Position zu übersehen, verschiedene Erkenntnisebenen auseinander zu halten und kein unangemessenes Urteil zu fällen.

- Wie wird geprüft? Im Wesentlichen sind hier zwei Prozesse zu unterscheiden: Zum einen ein Verstehensprozess, in dem es um die Darstellung und die Nachvollziehbarkeit verschiedener Ansätze geht. Zum anderen ein Argumentationsprozess, der verschiedene Entscheidungen, insbesondere die Frage nach dem Integrationsresultat, begründen muss.

- Was ist das Beste? Einer Eklektik geht es in erster Linie nicht um die Liquidation von Positionen, sondern um ihre Integration (Synthese, Reduktion, Addition, Orientierungs-Verallgemeinerung usw.)

- Wie wird das Beste behalten? Ziel einer Eklektik ist es nicht nur, verschiedene Positionen zu integrieren, sondern auch ein System zu entwerfen. Dieses muss mehr sein als eine aggregative Einheit und sowohl offen als auch geschlossen sein – offen hinsichtlich möglicher Inhalte, geschlossen bezüglich der formalen Struktur.

Mit diesen Überlegungen ist die Brücke geschlagen zu Haltungen, die ein eklektisches Vorgehen tragen und ohne die eine Eklektik nicht möglich ist. Die Grundhaltungen eines eklektischen Vorgehens sind: Offenheit, die sich in einer Unvoreingenommenheit gegenüber anderen Auffassungen zeigt; Toleranz gegenüber anderer Meinungen; Mäßigung als Konzentration auf die

Sache und Vermeidung eines Kampfes von Denkschulen; Bescheidenheit, die sich in der Charakterisierung der eigenen Position als eine neben anderen äußert, und Transparenz als Offenlegung der eigenen Gedankenführung, insbesondere der Argumente für die Auswahl- und Entscheidungsprozesse. Eine moderne Modellierung, in der das eben Gesagte besonders deutlich zum Tragen kommt, stellt das so genannte Quadrantenmodell von Ken Wilber (2002) dar:
Wilber unterscheidet darin – ohne mit Blick auf den zur Verfügung stehenden Rahmen die Details dieses Ansatzes erläutern zu können – vier Zugänge zur Erkenntnis: Erstens einen subjektiven Zugang (Quadrant oben-links), in dem es um Wahrhaftigkeit geht und somit Interessen, Wünsche und Bedürfnisse an erster Stelle stehen. Zweitens einen intersubjektiven Zugang (Quadrant unten-links), der als Ziel ein kulturelles Passen verfolgt und damit Gerechtigkeit und Richtigkeit als zentrale Kriterien nennt. Drittens einen objektiven Zugang (Quadrant oben-rechts), in dem es um Messbarkeit und Beobachtbarkeit, also um Wahrheit im propositionalen Sinn geht. Und viertens einen interobjektiven Zugang (Quadrant unten-rechts), der einen systemischen Anspruch erhebt und folglich auf ein funktionales Passen fokussiert. Wilbers Kernaussage dazu lautet, dass jeder dieser Quadranten seine Berechtigung und Bedeutung besitzt, mit den anderen verwoben ist und nur in der integralen Zusammenschau ihrer im Prinzip gleichwertigen Erkenntnisse ein Phänomen ausreichend und angemessen untersucht werden kann.

	INNEN - hermeneutisch - interpretativ	AUßEN - empirisch - monologisch
INDIVIDUELL	**intentional** subjektiver Geltungsanspruch Wahrhaftigkeit (z. B. Bittner)	**verhaltensmäßig** objektiver Geltungsanspruch Wahrheit (z. B. Skinner)
KOLLEKTIV	**kulturell** Intersubjektiver Geltungsanspruch Gerechtigkeit / kulturelles Passen (z. B. Gadamer)	**sozial** interobjektiver Geltungsanspruch funktionales Passen (z. B. Parsons)

3.3 Allgemeindidaktische Orientierungs-Verallgemeinerungen als inhaltliche Grundlagen einer eklektischen Didaktik:

Im Wesentlichen greift eine eklektische Didaktik auf folgende drei allgemeindidaktische Modellierungen zurück: Didaktisches Dreieck, didaktisches Sechseck und ADDIE. Sie können als Orientierungs-Verallgemeinerung bezeichnet werden, weil sie grundlegend für alle bestehenden didaktischen Modelle sind:

- Didaktisches Dreieck: Das didaktische Dreieck zählt zu den bekanntesten allgemeindidaktischen Modellierungen, dessen Wurzeln heute nahezu unbekannt sind. Letztendlich lässt es sich bis in die Antike zurückverfolgen. So weist Aristoteles in seiner Rhetorik darauf hin, dass eine Rede immer aus dreierlei besteht: einem Redner, einer Zuhörerschaft und einer Sache, über die gesprochen wird (vgl. Zierer/ Saalfrank 2012). Überträgt man dieses rhetorische Dreieck auf schulisches Handeln, so ergibt sich daraus das didaktische Dreieck (vgl. zum Folgenden Zierer 2012): Schüler, Stoff und Lehrkraft. Es ist an dieser Stelle darauf hinzuweisen, dass Unterricht immer eingebettet ist in ein gewisses Umfeld, so dass eine Vielzahl von weiteren Aspekten, in dem Unterricht stattfindet, eine Wirkung auf diesen ausübt. Zu denken ist beispielsweise mit Blick auf das äußere Umfeld an gesellschaftliche, politische und kulturelle Bedingungen und mit Blick auf das innere Umfeld an situative Gegebenheiten, wie die Gestaltung des Raumes, das individuelle Befinden aller Beteiligten, zeitliche Vorgaben usw. Da neben den Dialog zwischen Lehrkraft und Schülerschaft die Begegnung zwischen Lehrer und Stoff sowie die zwischen Schüler(n) und Stoff treten und diese voneinander abhängen und sich gegenseitig beeinflussen, wird daraus die Forderung abgeleitet, dass es sich bei dem didaktischen Dreieck um ein gleichseitiges Dreieck handeln sollte. Folglich sollen die Beziehungen und die Wechselwirkungsverhältnisse zwischen Schüler, Stoff und Lehrkraft ausgewogen und ausgeglichen sein.

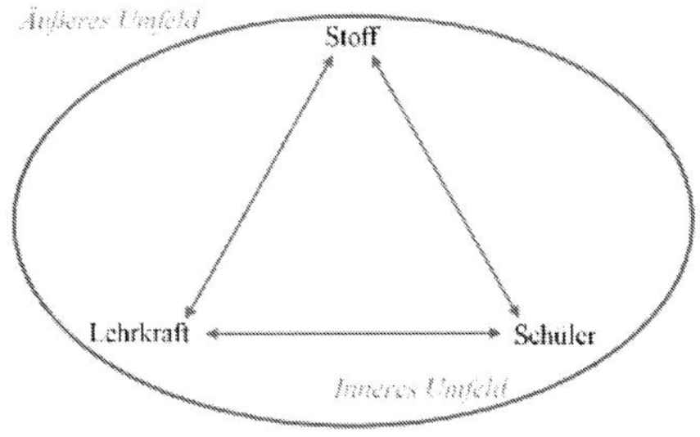

- Didaktisches Sechseck: Ausgehend von der grundsätzlichen Frage der Allgemeinen Didaktik „Wer soll was, von wem, wann, mit wem, wo, wie, womit und wozu lernen?", wie sie Werner Jank und Hilbert Meyer (2002) formulieren, lassen sich sechs Perspektiven nennen, die nicht nur bei der Beobachtung, sondern auch bei der Analyse von Lehr-Lern-Prozessen wichtig erscheinen und zudem – ganz oder teilweise – in den meisten bestehenden allgemeindidaktischen Modellbildungen enthalten sind, so auch in der kritisch-konstruktiven sowie lern- bzw. lehrtheoretischen Didaktik: 1. Zielperspektive (Wer und wozu?). 2. Inhaltsperspektive (Was?). 3. Methodenperspektive (Von wem, mit wem und wie?). 4. Medienperspektive (Womit?). 5. Raumperspektive (Wo?). 6. Zeitperspektive (Wann?).

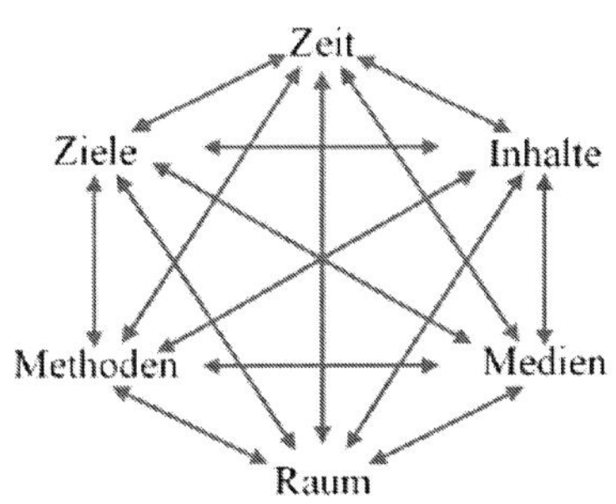

- ADDIE: Beziehen sich die bisher vorgestellten Modellierungen des Unterrichts in erster Linie auf strukturelle Aspekte, nimmt ADDIE den Prozess des Unterrichtens in den Blick (vgl. zum Folgenden Zierer/ Seel 2012). ADDIE kommt aus dem Instructional Design, das als ein Pendant zur Allgemeinen Didaktik in den USA gesehen werden kann, und steht für „Analyze", „Design", „Develop", „Implement" and „Evaluate". Damit sind aus Sicht einer Lehrkraft die wichtigsten Handlungsschritte des Unterrichtens angesprochen, die durch mögliche Überarbeitungsschritte zueinander in Verbindung stehen: Im ersten Schritt „Analyze" ist es notwendig, die Lehr-Lern-Situation in all ihren Facetten zu analysieren: die Lernausgangslage der Schüler, die Voraussetzungen auf Seiten des Lehrers, Rahmenvorgaben usw. Im zweiten Schritt „Design" geht es beispielsweise um die konkrete Festlegung der Lernziele, die Auswahl der Medien und Methoden, die Festlegung einzelner Lernschritte usw. Im dritten Schritt „Develop" müssen, basierend auf den bereits getroffenen Entscheidungen, alle notwendigen Materialien für die Umsetzung des Unterrichts vorbereitet und hergestellt werden. Im vierten Schritt „Implement" wird der geplante Unterricht in einer konkreten Situation umgesetzt. Und im fünften Schritt „Evaluate" wird versucht, den Unterricht zu evaluieren. Dies kann in zwei Richtungen geschehen: Einerseits mit Blick auf die Durchführung des Unterrichts und andererseits mit Blick auf das Ergebnis des Unterrichts.

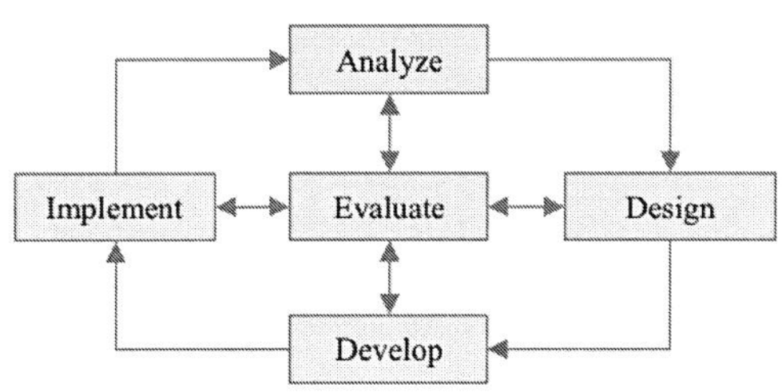

Da im allgemeindidaktischen Diskurs die Schritte „Design" und „Develop" unter dem Planungsbegriff subsumiert werden, ergeben sich übertragen in den deutschen Sprachgebrauch die vier Schritte „Analyse", „Planung", „Durchführung" und „Evaluation".

3.4 Ein Arbeitsmodell als Kern einer eklektischen Didaktik

Kern einer eklektischen Didaktik ist ihre Modellierung. In dieser fließen alle angesprochenen Theorieelemente zusammen und werden zu einem Arbeitsmodell im Sinn Flechsigs gebündelt: Allgemeindidaktisches Denken und Handeln fokussiert auf die Phasen der Analyse, Planung, Durchführung und Evaluation (ADDIE) einer Lehr-Lern-Situation. Diese ist eingebettet in eine Ausgangssituation, die im Wesentlichen von vier Perspektiven beobachtbar ist (Quadrantenmodell): Von den Personen (subjektiv), also z. B. den Schülern, den Lehrern, den Eltern; von der Kultur (intersubjektiv), die den Unterricht einrahmt und z. B. in Form eines Bildungsverständnisses bzw. in Form von Lehrplänen und Bildungsstandards Inhalte und Ziele vorgibt, aber auch Probleme definiert; von systemischen Zusammenhängen (interobjektiv), die eine Lehr- Lern-Situation in einen größeren Kontext stellen; und von Erkenntnissen zu dieser Lehr-Lern-Situation (objektiv), die empirisch gewonnen wurden und insofern von der erziehungswissenschaftlichen Forschung geliefert werden. All diese Faktoren gilt es zu berücksichtigen. Sodann ist es Aufgabe, basierend auf der Ausgangssituation, entsprechende Überlegungen anzustellen und Entscheidungen zu fällen. Diese betreffen die Ziele, die Inhalte, die Methoden und die Medien sowie die räumliche und zeitliche Gestaltung (didaktisches Sechseck). Es folgt die Durchführung der Lehr-Lern-Situation, die vor allem aus den Interaktionen zwischen Lehrer, Schüler und Stoff besteht (didaktisches Dreieck). Am Ende geht es um die Evaluation der Lehr-Lern-Situation, die in zwei Richtungen passieren kann und in beiden Fällen Korrekturschritte nach sich ziehen kann: Zum einen hinsichtlich des Verlaufes, zum anderen mit Blick auf die Ausgangssituation. Entsprechend dieser Aufteilung sind erneut eine subjektive, objektive, intersubjektive und interobjektive Perspektive einzunehmen (Quadrantenmodell).

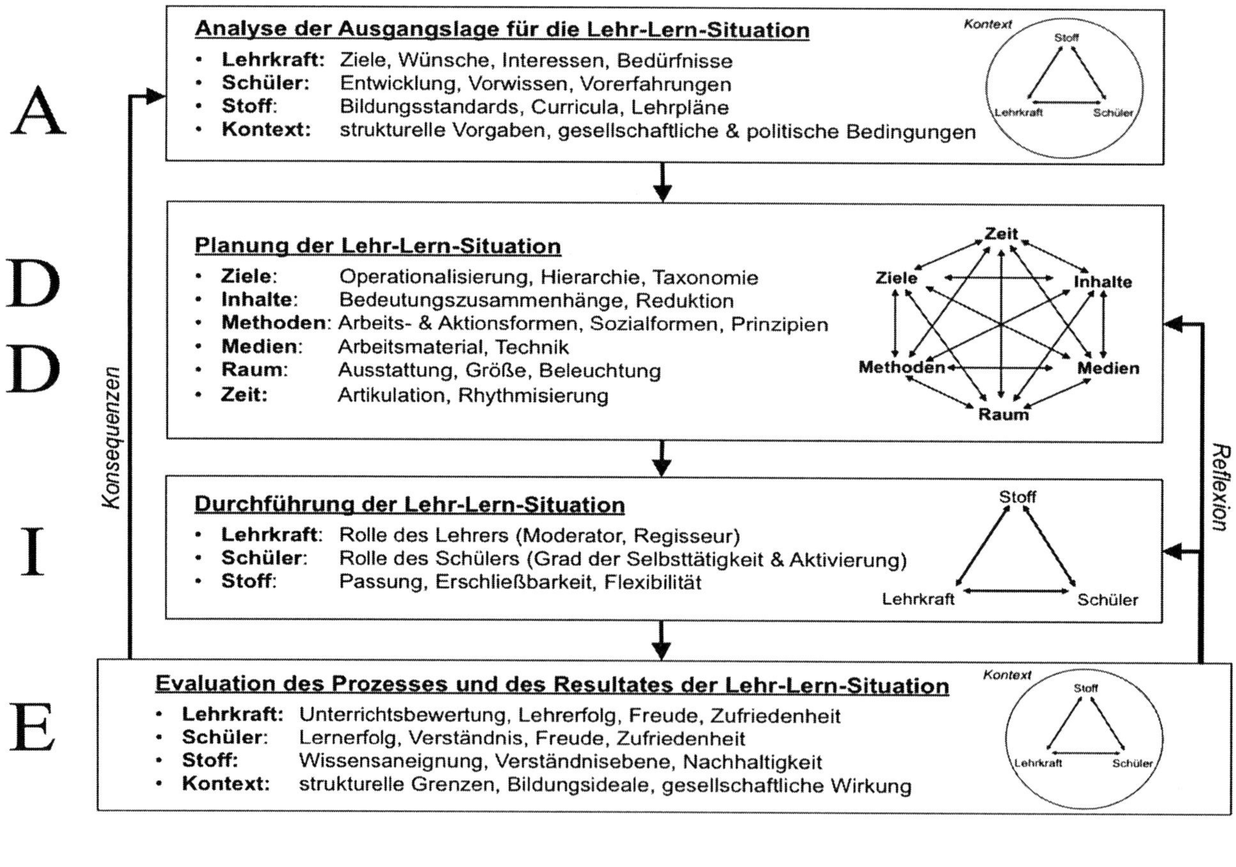

Abbildung: Das eklektische Modell in Verbindung mit seinen Theorieelementen

4. Ausblick

Eine eklektische Didaktik versteht sich als empirisch entwickelte und evaluierte Theorie, die Allgemeine Didaktik national weiterzuentwickeln und international anschlussfähig(er) zu machen. Ihr Schwerpunkt lässt sich darin sehen, wissenschaftstheoretisch und -methodisch begründet nach der Einheit in der Vielfalt zu suchen, um bestehende Kenntnisse der Allgemeinen Didaktik zusammenzuführen und als empirisch entwickeltes und evaluiertes Arbeitsmodell zu fixieren.

Angesichts der angestellten Überlegungen sehe ich vor allem zwei Zukunftsfelder:

Erstens: Zwar basiert eine eklektische Didaktik bereits auf zwei Sprachräumen, doch ist damit das internationale Feld an „allgemeindidaktischen" Kontexten bei weitem nicht erschöpft. Zu denken ist an dieser Stelle zum Beispiel an die skandinavischen Länder, an England usw. Diese Perspektive erscheint vor allem mit Blick auf eine zunehmende Europäisierung des Wissenschaftsraumes wichtig, so dass sich in diese Richtung Entwicklungspotenzial ergibt. Nicht zu vergessen ist an dieser Stelle der spanische Wissenschaftsraum, der ebenfalls noch nicht berücksichtigt ist, hinsichtlich seiner Größe jedoch immens erscheint. Vor diesem Hintergrund muss sich eine eklektische Didaktik zukünftig im Kontext einer „European Didactics" und einer „Comparative Didactics" verorten.

Zweitens: Das Konzept des Arbeitsmodells lässt sich noch weiter begründen und konkretisieren. Mit den angesprochenen Studien aus dem EEPAD-Projekt ist hierzu sicherlich ein erster wichtiger Schritt getan, dem jedoch weitere folgen müssen. Zu denken ist diesbezüglich an eine Ausweitung und Ausdifferenzierung auf verschiedene Bildungsbereiche und verschiedene Professionsstufen – vom Einsteiger bis hin zum Experten. Darüber hinaus wird der Frage nachzugehen sein, inwiefern eine eklektische Didaktik über die Lehrerbildung hinaus ihre Stärken besitzt und womöglich positive Effekte mit Blick auf das Lehrerhandeln, die Unterrichtsqualität und die Schülerleistungen nach sich zieht.

Checkliste

Zentrale Begriffe, die Sie kennen sollten!

- Eklektik

- Integraler Ansatz nach Wilber

- Didaktisches Dreieck

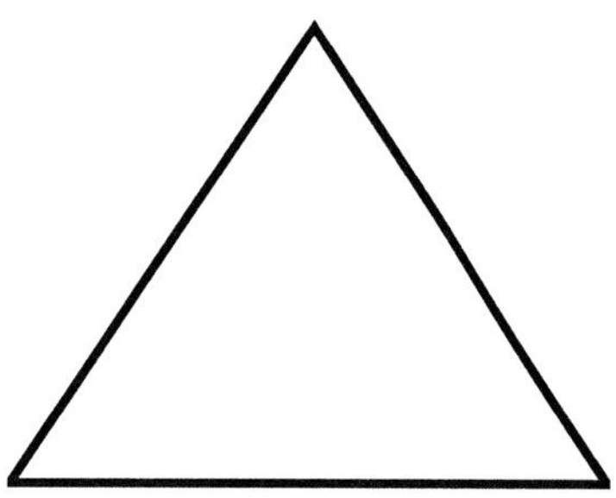

- Didaktisches Sechseck

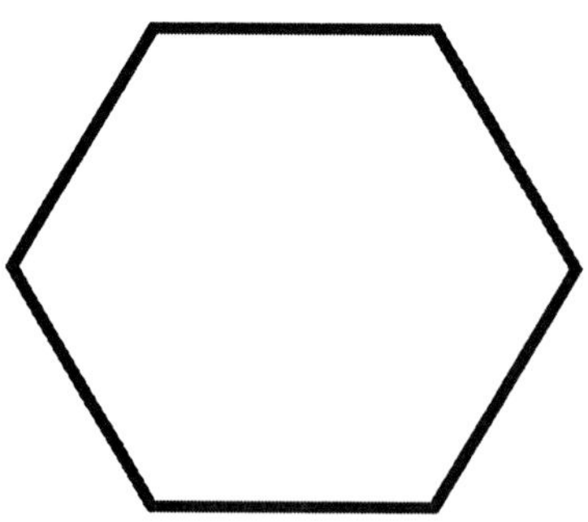

- ADDIE

- Modell der eklektischen Didatik

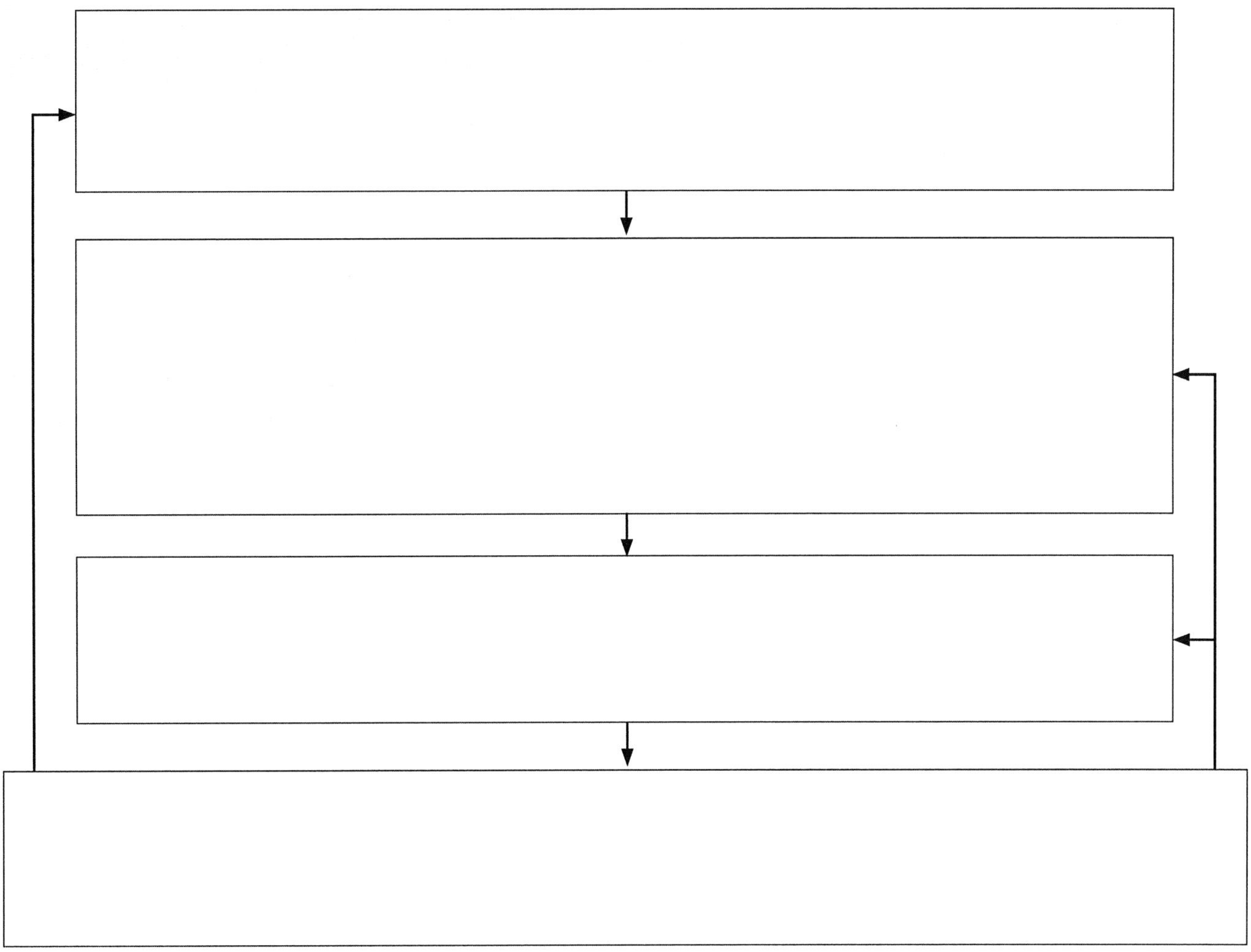

Aufgaben

Testen Sie Ihr Können!

- Niveau 1: Beschreiben Sie die drei wesentlichen Theorielemente der eklektischen Didaktik.

- Niveau 2: Vergleichen Sie die eklektische Didaktik mit anderen didaktischen Modellen und nennen Sie Gemeinsamkeiten und Unterschiede.

- Niveau 3: Diskutieren Sie, ob die Integration bestehender didaktischer Modelle sinnvoll ist.

Heimann, Schulz oder Klafki? Ein empirischer Blick auf die Praktikabilität von Unterrichtstheorien

WARUM ICH DIESES KAPITEL LESEN SOLLTE?

In den vorausgegangenen Kapiteln haben wir versucht, Ihnen eine Auswahl an zentralen Unterrichtstheorien vorzustellen. Dabei war es uns wichtig, immer auch den praktischen Transfer mitzudenken. So wichtig dieser ist, er beantwortet nicht eine Frage, die im Zuge einer empirischen Wende in der Pädagogik, die vor allem von internationalen Large-Scale-Studien wie zum Beispiel PISA eingeleitet wurde, immer bedeutsamer wird: Lässt sich der Nutzen pädagogischer Maßnahmen nachweisen?

Im Zug einer zunehmenden empirischen Betrachtungsweise in der Erziehungswissenschaft hat es die Allgemeine Didaktik in ihrer klassischen Bestimmung als Wissenschaft vom Unterricht schwer: Als „Ausbildungsdisziplin" und „Berufswissenschaft" von Lehrkräften (vgl. z.B. Peterßen, 2001; Terhart, 2009) ist sie in den letzten Jahren in die Kritik geraten. Ihre Zukunft wird düster gesehen, was sogar soweit geht, dass sie als veraltet oder gar „tot" betitelt wird (Meyer & Meyer, 2009; Kiel & Zierer, 2011) und über entsprechende „Reanimationsversuche" theoretisiert wird (Rothland, 2013, S. 631). Vielfach münden derartige Überlegungen in eine „Neubestimmung" der Allgemeinen Didaktik und andere Disziplinen, wie zum Beispiel die empirische Lehr-Lernforschung, werden bereits als „Erbschaftsanwärter" für sie ausgerufen (Zierer, 2012, S. 163).
Mit in die Kritik geraten sind dabei die Unterrichtstheorien, die gewissermaßen den Kern der Allgemeinen Didaktik darstellen (Zierer, 2012). Während sie zwischen 1960 und 1990 noch der Entwicklungsmotor allgemeindidaktischer Theoriebildung waren (Seel, 1999), werden sie heute vielerorts als Beispiel für eine wissenschaftliche „Sackgasse" im Sinn Thomas S. Kuhns (1976) gesehen: Über 40 didaktische Modelle zählt Kron (2008) und veranschaulicht damit das Ende eines Paradigmas. Gefordert wird insofern eine stärkere empirische Ausrichtung in der Unterrichtstheorie. Zugrunde liegt der Vorwurf, unpraktikabel und für die Praxis nicht relevant zu sein (vgl. z.B. Bromme, 1980; Haas, 2005; im Überblick Tebrügge, 2001). Und von den Fachdidaktiken und der empirischen Lehr-Lern-Forschung kommt der Vorwurf, dass Lehren und Lernen immer an einen Unterrichtsgegenstand gebunden ist (vgl. z.B. Terhart, 2008). Allgemeindidaktische Modelle seien infolgedessen wenig hilfreich.

An dieser, für die Allgemeine Didaktik prekären Situation, setzt das Projekt EEPAD – Entwicklung und Evaluation von Planungsmodellen der Allgemeinen Didaktik an.[1] Drei der im Rahmen des Projekts durchgeführten Studien sind Gegenstand der nachfolgenden Ausführungen. Bei der ersten Studie handelt es sich um eine qualitative Vorstudie zur Gewinnung von Kategorien zur Bewertung von Planungsmodellen. Die zweite Studie ist die Pilotierungsstudie eines entwickelten Fragebogeninstrumentes, mit dessen Hilfe die Ergebnisse der Vorstudie quantifiziert werden sollen. Während die Ergebnisse der ersten beiden Studien komprimiert dargestellt werden, liegt das Hauptaugenmerk auf der dritten Studie. In dieser geht es um die Bewertung verschiedener Planungsmodelle der Allgemeinen Didaktik durch Lehramtsstudierende, Referendare und Lehrkräfte. Im Zentrum steht die empirische Klärung der Frage: Sind Modelle der Allgemeinen Didaktik praktikabel?

Erste Studie: Qualitative Studie zu allgemeindidaktischen Planungsmodellen

Die im Folgenden dargestellte qualitative Untersuchung fokussiert auf die Praktikabilität didaktischer Modelle. Das Konstrukt der Praktikabilität wird dabei so verstanden, dass dieses im Zug der Studie zunächst mithilfe einer Befragung erschlossen werden soll und anhand der erhobenen Daten zu konstruieren ist.

Ziele

Übergeordnetes Ziel der Studie ist die Bewertung allgemeindidaktischer Modelle in Bezug auf deren praktischen Nutzen und ihre Umsetzbarkeit im Planungshandeln. Dazu sollen zum einen Kriterien, in Form von Kategorien, für die Praktikabilität von Modellen gewonnen und zum anderen bekannte Planungsmodelle anhand dieser Kategorien überprüft werden.

Methode und Stichprobe

Methodische Umsetzung findet die Studie in einer schriftlichen Befragung. Hierzu wurde Lehramtsstudierenden (N=62) die Aufgabe gestellt, mithilfe verschiedener Planungsmodelle gedanklich den Versuch zu unternehmen, eine konkrete Unterrichtsstunde zu planen.

Anschließend sollten sie bewerten, was ihnen an den jeweils eingesetzten Modellen gefiel bzw. nicht zusagte („Was gefällt Ihnen ... bzw. Was gefällt Ihnen nicht an diesem Planungsmodell?"). Dazu konnten sie im offenen Antwortformat und ohne inhaltliche Einschränkungen positive und negative Aspekte notieren. Die Aufgabe musste am Beispiel der lerntheoretischen Didaktik (Heimann), der lehrtheoretischen Didaktik (Schulz) und der kritisch-konstruktiven Didaktik (Klafki) bearbeitet werden, zu denen die Originalabbildungen (Berliner Modell, Hamburger Modell und Perspektivenschema) auf dem Fragebogen abgedruckt waren. Die Auswahl dieser allgemeindidaktischen Modelle gründet auf ihrer zentralen Bedeutung in Einführungen und Lehrbüchern (vgl. Zierer, 2012). Die Antworten der Untersuchungsteilnehmer wurden inhaltsanalytisch ausgewertet (vgl. Früh, 2007) und aus dem Material wurden induktiv Kategorien gebildet. Hierzu wurden Äußerungen in einem ersten Schritt einer inhaltlichen Kategorie zugeordnet und in einem zweiten Schritt wurde codiert, ob es sich dabei um eine positive oder negative Äußerung handelte. Um dem Gütekriterium der Reliabilität gerecht zu werden, wurde eine entsprechende Prüfung der Intercoderreliabilität (nach Holsti, 1969) mithilfe von zwei Codierern durchgeführt.

Ergebnisse

Insgesamt wurden die drei in den Untersuchungsfokus gestellten didaktischen Modelle mit 660 Äußerungen bewertet. Hiervon waren 335 positiver und 325 negativer Natur. Aus der Gesamtheit der Aussagen wurde schrittweise induktiv ein Kategoriensystem entwickelt. Die Äußerungen konnten auf insgesamt 24 gefundene Subkategorien reduziert werden. Diese wiederum ließen sich inhaltlich vier der folgenden Oberkategorien zuordnen: Darstellung (z.B. „Das Modell ist unübersichtlich."), Inhalt (z.B. „Gut finde ich, dass auch die Bedingungen außerhalb der Schule berücksichtigt werden."), Verständlichkeit (z.B. „Durch die vielen Abkürzungen ist das Modell unverständlich.") und Praxisnähe (z.B. „Das Modell würde mir bei der Unterrichtsplanung nicht helfen."). Die Reliabilitätsprüfung erbrachte einen guten Wert von CR = .93.
Die vorgenommenen Bewertungen der Befragten in Bezug auf die Nützlichkeit allgemeindidaktischer Modelle im Planungsprozess machen deutlich, dass das Konstrukt der Praktikabilität sich durch die vier gefundenen Oberkategorien darstellen lässt. Für weitere Details und die inhaltliche Bewertung der einzelnen Modelle soll hier auf Zierer und Wernke (2013) verwiesen werden, für die nachfolgenden Ausführungen sind nur die gefundenen Kategorien von Belang.

Zweite Studie: Entwicklung eines Fragebogens zur Praktikabilität

Bei der zweiten Studie handelt es sich um die Pilotierungsstudie eines entwickelten Fragebogeninstruments zur Bewertung der Praktikabilität didaktischer Modelle. Sie baut direkt auf den Ergebnissen der ersten Studie auf.

Ziele

Ziel dieser Pilotierungsstudie ist es, ein reliables Messinstrument in Form eines geschlossenen Fragebogens zu entwickeln, mit dem eine differenzierte Einschätzung von Planungsmodellen in puncto Praktikabilität ermöglicht wird. Das Ergebnis der ersten Studie, wonach die Praktikabilität von didaktischen Modellen durch die induktiv gewonnenen Kategorien bestimmbar ist, soll dabei zum einen einer weiteren Prüfung unterzogen und zum anderen quantifiziert werden.

Methode und Stichprobe

Aufbauend auf den Ergebnissen der vorangegangenen Studie wurde ein geschlossener Fragebogen entwickelt. Entsprechend der 24 gefundenen Subkategorien der qualitativen Analysen wurden Fragebogen Items konstruiert. Diese ließen sich auf der Grundlage der Oberkategorien der Studie 1 theoretisch den vier Subskalen Darstellung, Inhalt, Verständlichkeit und Praxisnähe zur Bestimmung der Praktikabilität zuordnen.
Ebenso wie in der Vorstudie wurden die Studienteilnehmer mit der Aufgabe konfrontiert, gedanklich, mithilfe eines didaktischen Modells, eine Unterrichtsstunde zu planen und das Modell anschließend zu bewerten. Da es sich um die Pilotierung des Fragebogens handelte, wurde der Fragebogen vorerst nur anhand eines Modells (Perspektivenschema von Klafki) erprobt. Die Bewertungen erfolgten anhand einer fünfstufigen Likert-Skala von (1) „trifft überhaupt nicht zu" bis (5) „trifft voll zu".

Die Skalenzusammensetzung und die genauen Wortlaute der Items können der bei den Ergebnissen abgebildeten Faktorenanalyse entnommen werden (vgl. Tabelle 1).
N=98 Lehramtsstudierende der Universität Oldenburg nahmen an der Befragung teil. Die Durchführung der Befragung erfolgte mittels eines Online-Fragebogens. Zur Überprüfung der Konstruktvalidität wurden sowohl eine konfirmatorische als auch eine explorative Faktorenanalyse durchgeführt. Die explorative Herangehensweise wurde zusätzlich zur konfirmatorischen gewählt, um zu überprüfen, ob sich die qualitativ gewonnenen Oberkategorien der Studie 1 auch explorativ, ohne einschränkende Vorannahmen, in den quantitativen Daten wiederfinden lassen. Für die Reliabilitätsprüfung wurde die interne Konsistenz der Skalen in Form von Cronbach's Alpha berechnet.

Ergebnisse

Die Ergebnisse der konfirmatorischen Faktorenanalyse (vgl. Abbildung 1) machen deutlich, dass sich die Items – bis auf die Ausnahme der Items I1, I6, I8 und I9 – den vier konstruierten Subskalen zuordnen lassen. Die Werte für die Modellpassung liegen nach Backhaus, Erichson, Plinke und Weiber (2006) mit CMIN/DF ≤ 2,5, CFI ≥.90 und SRMR ≤.08 in einem akzeptablen Bereich. Die Items D1-D5 bilden auf der Grundlage der Analysen die Subskala Darstellung, I2-I5 und I7 die Subskala Inhalt, V1-V7 die Subskala Verständlichkeit und P1-P3 die Subskala Praxisnähe. Die Items I1, I6, I8 und I9 finden keine weitere Berücksichtigung.

Auch in der explorativen Faktorenanalyse wurden genau vier Faktoren mit einem Eigenwert >1 ermittelt (Kaiserkriterium). Die Betrachtung des Screeplots bestärkt zudem eine vierfaktorielle Lösung. Die detaillierte Durchsicht der Ladungen der einzelnen Items auf den Faktoren führt ebenfalls zum Ausschluss der Items I1, I6, I8 und I9 (vgl. Tabelle 1).

Entsprechende Reliabilitätsberechnungen liefern mit Cronbach's α Werten von ≥ .87 (vgl. Tabelle 1) sehr gute Ergebnisse für die interne Konsistenz der Skalen. Insgesamt besteht das entwickelte Fragebogeninstrument somit den Testdurchlauf und stellt dementsprechend ein geeignetes Messinstrument dar, um im Weiteren an einer größeren Stichprobe zum Einsatz kommen zu können.

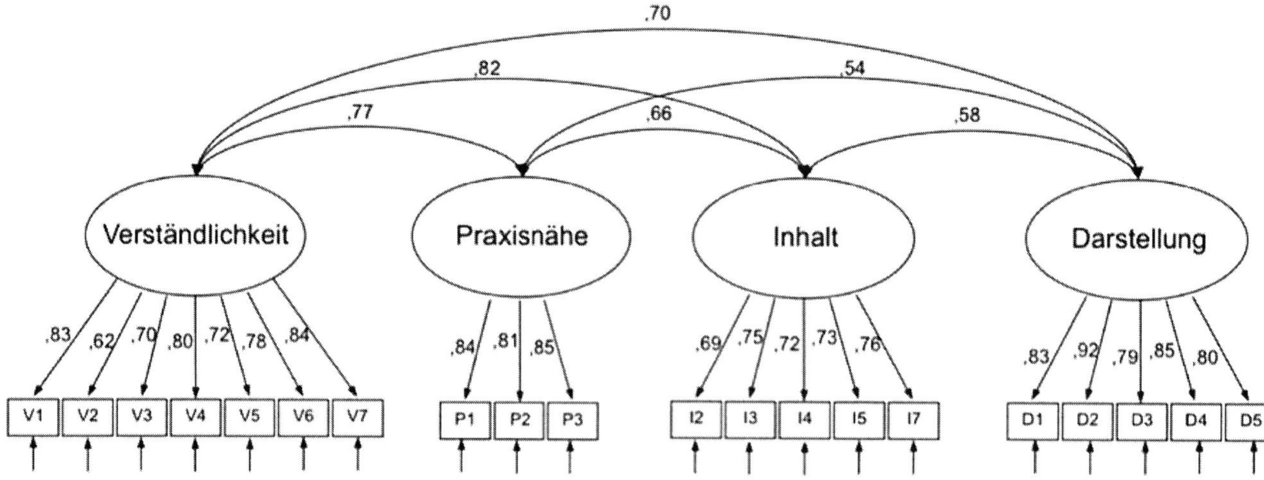

Abbildung 1: Ergebnisse der konfirmatorischen Faktorenanalyse; Maximum-Likelihood-Methode, (standardiserte Lösung); χ^2=327.533, df =164, p <.001, CMIN/DF =1,99, CFI =.90, SRMR =.069, alle Ladungskoeffizienten p <.001

Tabelle 1: Ergebnisse der explorativen Faktorenanalyse (N = 98)

Ich empfinde das Planungsmodell persönlich als...	Faktor 1	2	3	4
D1 ...optisch ansprechend dargestellt.	**,79**	,17	,04	,19
D2 ...übersichtlich dargestellt.	**,85**	,24	,13	,11
D3 ...angemessen komplex und vielschichtig dargestellt, weil nur so viel wie nötig und so wenig wie möglich dargestellt ist.	**,82**	,14	,20	,13
D4 ...zweckdienlich dargestellt, weil dadurch die Übersichtlichkeit unterstützt wird.	**,77**	,30	,20	,10
D5 ...klar strukturiert dargestellt.	**,65**	,49	,15	,16
I1 ...inhaltlich vollständig, weil alle wichtigen und relevanten Inhalte enthalten sind.	-,04	**,75**	,30	,15
I2 ...inhaltlich ausreichend differenziert, weil wichtige Unterpunkte/Aspekte enthalten sind.	,46	,20	**,58**	,14
I3 ...theoretisch plausibel.	,15	,24	**,72**	,25
I4 ...inhaltlich genau genug ausgearbeitet.	,08	,49	**,55**	,19
I5 ...theoretisch fundiert.	,12	,30	**,75**	,11
I6 ...angemessen bezüglich des inhaltlichen Umfangs.	**,67**	,01	,32	,15
I7 ...theoretisch sinnvoll.	,26	,21	**,70**	,27
I8 ...passend bezüglich der Inhaltswahl, weil die richtigen Inhalte gewählt sind.	,24	**,53**	,45	,33
I9 ...inhaltlich ausreichend reduziert.	**,76**	,05	,11	,25
V1 ...inhaltlich verständlich.	,27	**,77**	,21	,26
V2 ...widerspruchsfrei.	,24	**,59**	,47	-,08
V3 ...ausreichend bezüglich der Erläuterungen und Erklärungen.	,33	**,59**	,22	,22
V4 ...insgesamt gut nachvollziehbar.	,47	**,55**	,21	,39
V5 ...selbsterklärend.	,43	**,52**	,05	,39
V6 ...passend bezüglich der Begriffswahl, weil die richtigen Begriffe gewählt worden sind.	,32	**,50**	,26	,43
V7 ...verständlich bezüglich der Begriffswahl, weil ich die Bedeutungen der verwendeten Begriffe verstehe.	,20	**,65**	,30	,45
P1 ...insgesamt umsetzbar.	,23	,24	,16	**,81**
P2 ...flexibel für die konkrete Unterrichtsplanung einsetzbar.	,17	,22	,16	**,83**
P3 ...hilfreich für die konkrete Unterrichtsplanung.	,25	,22	,33	**,74**
Eigenwert	**11,61**	**2,38**	**1,39**	**1,06**
Erklärte Varianz in %	**22.4**	**18.6**	**14.2**	**13.3**
Cronbach's α	**.92**	**.90**	**.87**	**.87**

Anmerkung: Extraktionsmethode: Hauptkomponentenanalyse; Rotationsmethode: Varimax mit Kaiser-Normalisierung; Faktorladungen ≥.50 sind fettgedruckt; die Items wurden auf der Grundlage der in der qualitativen Vorstudie gefundenen Kategorien gebildet; Subskalen: **D** = Darstellung, **I** = Inhalt, **V** = Verständlichkeit, **P** = Praxisnähe

Dritte Studie: Studie zur Bewertung allgemeindidaktischer Planungsmodelle

Die dritte Studie bildet den Schwerpunkt des in diesem Artikel vorgestellten Projektabschnittes. Der in der Vor- und in der Pilotierungsstudie entwickelte und erprobte Fragebogen kommt an einer größeren Stichprobe zum Einsatz und wird nun auch inhaltlich ausgewertet.

Ziele

Ziel ist es, eine differenzierte Bewertung der Praktikabilität allgemeindidaktischer Modelle zu erhalten. Neben einer grundsätzlichen Einschätzung verschiedener didaktischer Modelle sollen spezifische Stärken und Schwächen einzelner Modelle herausgearbeitet und Unterschiede in der wahrgenommenen Praktikabilität der Befragten zwischen den Modellen aufgedeckt werden. Den Ergebnissen der qualitativen Vorstudie (vgl. Zierer & Wernke, 2013) zufolge ist davon auszugehen, dass über alle Modelle hinweg die Subskala „Inhalt" eher positiv bewertet und die Verständlichkeit der Modelle insgesamt als verbesserungsbedürftig empfunden wird. Unterschiede zwischen den Modellen sind vor allem bei der Bewertung der Darstellung und der Praxisnähe zu erwarten.
Darüber hinaus soll die Einschätzung der Praktikabilität von Experten mit der von Novizen verglichen werden, um evtl. Schlussfolgerungen ziehen zu können, ob es eine „geeignetere" Zielgruppe didaktischer Modelle gibt. In den bisherigen Studien wurden nur Lehrkräfte untersucht, die bereits über Berufserfahrungen verfügen. Es stellt sich aber die Frage, ob Berufsanfänger mehr von den Modellen profitieren können als bereits erfahrene Lehrkräfte. Eine damit verbundene Hypothese wäre somit, dass allgemeindidaktische Modelle mit zunehmendem Erfahrungsgrad negativer eingeschätzt werden, weil mehr Erfahrungen einen kritischeren Blick ermöglichen und eine Orientierungshilfe durch die Modelle nicht mehr notwendig ist.

Methoden und Stichprobe

In der dritten Studie kommt der zuvor entwickelte Fragebogen der Pilotierungsstudie zum Einsatz. Auf der Grundlage der Faktorenanalyse besteht das Instrument nun aus insgesamt 20 Items zu den vier Subskalen Darstellung, Inhalt, Verständlichkeit und Praxisnähe. Anders als in Studie 2 mussten die Befragten nicht nur eines, sondern vier unterschiedliche Planungsmodelle bewerten – die lerntheoretische Didaktik (Heimann), die lehrtheoretische Didaktik (Schulz) und die kritisch-konstruktive Didaktik (Klafki). Zu diesen wurden die Originalabbildungen (Berliner Modell, Hamburger Modell und Perspektivenschema) auf dem Fragebogen dargestellt. Diese inhaltliche Auswahl rechtfertigt sich wissenschaftshistorisch, da diese drei Didaktiken als „Klassiker" eine Sonderstellung einnehmen (vgl. Seel, 1999; Seel & Zierer, 2012). Als ein viertes wurde das eklektische Modell und die dazugehörige Originalabbildung von Zierer (2012) aufgenommen. Wie die Begrifflichkeit der Eklektik andeutet (vgl. Zierer, 2009), handelt es sich hierbei um einen aktuellen Versuch, verschiedene didaktische Modelle aus dem deutsch- und englischsprachigen Raum auszuwählen und zu kombinieren. Insofern tritt das eklektische Modell mit dem Anspruch an, in der Vielfalt die Einheit suchend Vorteile zu nutzen und Nachteile zu meiden (vgl. Zierer, 2013).
Die Befragung fand sowohl mit einer Online- als auch mit einer Printversion des Fragebogens statt, zwischen denen die Befragten wählen durften. Es wurden N=351 Probanden befragt, hiervon sind 188 Lehramtsstudierende, 66 Referendare und 97 Lehrkräfte (aller Lehrämter) (vgl. Tabelle 2).

Tabelle 2: Stichprobenbeschreibung

	gesamt	weiblich	männlich	Ø Alter
Studenten	188 (53,6%)	126 (67,0%)	62 (33,0%)	22,3
Referendare	66 (18,8%)	41 (62,1%)	25 (37,1%)	26,8
Lehrkräfte	97 (27,6%)	49 (50,5%)	48 (49,5%)	38,1
gesamt	351 (100%)	216 (61,5%)	135 (38,5%)	26,6

Für die Auswertungen werden zuvor die deskriptiven Ergebnisse berichtet, um die Einschätzung zu den einzelnen Modellen hinsichtlich der Subskalen darzustellen. Um weitergehend die Modelleinschätzungen untereinander vergleichen zu können, wurden t-Tests bei gepaarten Stichproben durchgeführt. Für den Vergleich der Antworten von Lehramtsstudierenden, Referendaren und Lehrkräften wurden einfaktorielle Varianzanalysen mit anschließenden post-hoc Analysen anhand des Scheffé-Tests gerechnet. Diese Resultate werden in einem zweiten Schritt erläutert.

Ergebnisse

Reliabilität

Die Berechnungen der Reliabilität der Skalen wurden für jedes Modell einzeln durchgeführt. Folgende Tabelle stellt die Ergebnisse der internen Konsistenz der Subskalen im Überblick dar. Wie zu entnehmen ist, sind die Reliabilitätswerte von im Minimalfall α = .74 durchweg als gut bis sehr gut zu bezeichnen.

Deskriptive Ergebnisse

Die Modelle wurden auf den vier Subskalen zur Praktikabilität auf einer fünfstufigen Likert-Skala bewertet. Ausgehend vom rechnerischen Skalenmittelpunkt ist somit ein Mittelwert > 3 als eine positive Beurteilung zu interpretieren. Im Folgenden werden die deskriptiven Ergebnisse der vier didaktischen Modelle einzeln dargestellt, schrittweise Vergleiche gezogen und abschließend alle Modelle zusammenfassend nebeneinander gestellt. In Tabelle 4 finden sich vorweg die Mittelwerte aller Modelle (rein deskriptiv) im Überblick.

Tabelle 3: Ergebnisse der Reliabilitätsprüfung der Subskalen

	Darstellung α =	Inhalt α =	Verständlichkeit α =	Praxisnähe α =
Berliner Modell	.82	.79	.85	.74
Hamburger Modell	.88	.84	.88	.85
Perspektivenschema	.90	.88	.91	.89
Eklektisches Modell	.88	.85	.90	.87

N = 351; Berliner Modell n = 350; Hamburger Modell n = 330; Perspektivenschema n = 316; Eklektisches Modell n = 314
Berechnet wurde die interne Konsitenz der Skalen in Form von Cronbach's Alpha.

Tabelle 4: Deskriptivstatistik - Mittelwerte und Standardabweichung der Modelle im Überblick

	Darstellung		Inhalt		Verständlichkeit		Praxisnähe	
	M	SD	M	SD	M	SD	M	SD
Berliner Modell	3,53	.77	3,24	.70	3,40	.75	3,07	.88
Hamburger Modell	2,34	.86	3,08	.75	2,70	.80	2,59	.89
Perspektivenschema	3,26	.95	3,77	.74	3,67	.82	3,49	.93
Eklektisches Modell	3,89	.80	3,59	.74	3,75	.79	3,71	.89

N = 351; Berliner Modell n = 350; Hamburger Modell n = 330; Perspektivenschema n = 316; Eklektisches Modell n = 314

Das *Berliner Modell* wird auf allen Subskalen mit Mittelwerten >3 bewertet. Es wird somit insgesamt positiv eingeschätzt. Die Subskala Darstellung erzielt mit M=3.53 die höchsten Werte, gefolgt von der Subskala Verständlichkeit mit M=3,40. Hier scheinen die Stärken des Modells zu liegen. Die Subskalen *Inhalt* (M=3,24) und *Praxisnähe* (M=3,07) liegen nur knapp über einer neutralen (M=3) Einschätzung. Das Modell wird somit insgesamt als verständlich, gut dargestellt und inhaltlich stimmig empfunden, die Einschätzung bezüglich der *Praxisnähe* fällt neutraler aus. Ein noch zu verbessernder Aspekt des Berliner Modells stellt laut den Befragten somit der Transfer in die Praxis dar.

Das *Hamburger Modell* besitzt im direkten Vergleich mit den anderen Modellen insgesamt und auch auf jeder Subskala die niedrigsten Mittelwerte. Es ist das einzige Modell, das Werte <3 aufweist und demzufolge negativ bewertet wird. Am niedrigsten wird die *Darstellung* des Modells bewertet (M=2,34). Auch die *Verständlichkeit* (M=2,70) und die *Praxisnähe* (M=2,59) erreichen nur Mittelwerte, die einer negativen Einschätzung entsprechen. Das Hamburger Modell wird somit als nicht gut verständlich, nicht gut dargestellt und auch nicht praxisnah empfunden. Lediglich die Subskala *Inhalt* wird mit M=3,08 als leicht positiv eingestuft, so dass keine inhaltliche Kritik am Modell zu verzeichnen ist. Insgesamt ist es das einzige Modell, das den Ergebnissen der Studie zur Folge als unpraktikabel zu bezeichen ist.

Das *Perspektivenschema* weist im Modellvergleich insgesamt die zweithöchsten Bewertungen auf. Besonders die Subskalen *Verständlichkeit* (M=3,67) und *Inhalt* (M=3,77) erhalten eher positive Einschätzungen seitens der Befragten. Klafkis Perspektivenschema wird somit als leicht verständlich bewertet und kann auf inhaltlicher Ebene überzeugen. Auch auf der Subskala *Praxisnähe* (M=3,49) wird die Praktikabilität bestätigt. Lediglich bei der *Darstellung* fällt das Modell leicht ab, mit einem Wert von M=3,26 ist hier die schwächste Stelle im Modell ausfindig zu machen.

Das *Eklektische Modell* erhält im Rahmen dieser Studie insgesamt die höchsten Bewertungen. Alle Skalen weisen Werte >3,5 auf. Für jede Subskala liegt somit eine positive Einschätzung vor. Die höchsten Einschätzungen vergeben die Befragten dem Modell in Bezug auf die *Darstellung* (M=3,89), gefolgt von der *Verständlichkeit* (M=3,75), der *Praxisnähe* (M=3,71) und zuletzt dem *Inhalt* (M=3,59). Die hohen Werte zeigen, dass das Planungsmodell als praktikabel angesehen werden kann.

Im Modellvergleich erhält folglich das Eklektische Modell die höchsten Bewertungen: Es schneidet auf drei Subskalen (*Darstellung, Verständlichkeit und Praxisnähe*) am positivsten ab. Gefolgt wird es vom Perspektivenschema, das die höchsten Werte auf der Subskala *Inhalt* erreicht und auch auf den anderen Subskalen insgesamt positiv abschneidet. Eher unauffällig sind die Bewertungen des Berliner Modells, weil die Mittelwerte weder besonders hoch noch tief ausfallen. Insgesamt sind diese aber durchweg im positiven Bereich. Die geringsten Mittelwerte im Modellvergleich sind beim Hamburger Modell zu verzeichnen. Dieses wird auf drei der vier Subskalen negativ bewertet (*Darstellung, Verständlichkeit und Praxisnähe*) und erreicht lediglich auf der Subskala *Inhalt* zufriedenstellende Werte. In Abbildung 2 werden die Mittelwerte der untersuchten Modelle im grafischen Vergleich zusammengestellt.

Da von den Befragten jeweils Bewertungen zu vier Modellen vorliegen, ist es mithilfe von t-Tests bei gepaarten Stichproben möglich, die Einschätzung der Befragten zu den einzelnen Modellen (in Bezug auf *Darstellung, Inhalt, Verständlichkeit und Praxisnähe*) untereinander zu vergleichen. In diesen Analysen wird deutlich, dass sich (bis auf eine Ausnahme) alle Bewertungen auf dem 1%-Niveau signifikant voneinander unterscheiden. Illustriert in einem Beispiel bedeutet dies, dass beispielsweise das Eklektische Modell auf der Subskala *Darstellung* signifikant besser als das Berliner ($t=6{,}12$; $df=313$; $p\leq{,}01$), das Hamburger Modell ($t=23{,}54$; $df=312$; $p\leq{,}01$) und das Perspektivenschema ($t=9{,}06$; $df=312$; $p\leq{,}01$) bewertet wird. Die erwähnte Ausnahme bilden die Bewertungen zur *Verständlichkeit* des Perspektivenschemas im Vergleich zum Eklektischen Modell ($t=1{,}49$; $df=312$; $p={,}14$). Der hier gefundene Unterschied ist im t-Test bei gepaarten Stichproben nicht signifikant.

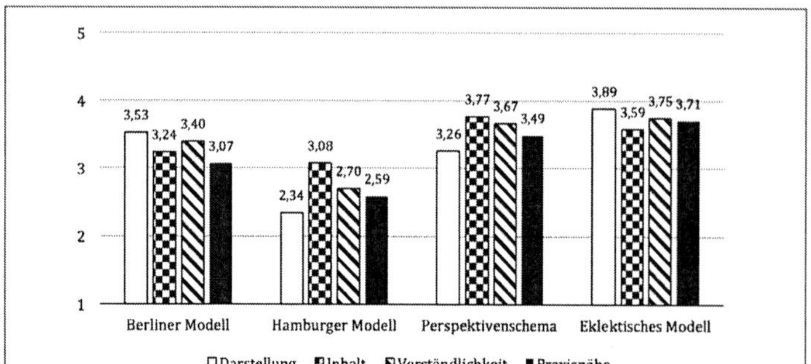

Abbildung 2: Mittelwerte der Skalen der vier Modelle im Vergleich

Mittelwertvergleich Studierende – Referendare – Lehrkräfte

Vergleicht man die Mittelwerte von Studierenden, Referendaren und Lehrkräften, so lässt sich festhalten, dass die einzelnen Gruppen tendenziell ähnliche Einschätzungen vornehmen: Positiv bewertete Modelle der einen Gruppe werden auch von den anderen Gruppen positiv bewertet. Stellt man die Modellbewertungen in einer hierarchischen Übersicht zusammen, so fällt diese für alle Befragtengruppen vergleichbar aus. Es lassen sich keine unterschiedlichen Modellpräferenzen erkennen. Insgesamt wird aber die Tendenz deutlich, dass die Einschätzungen von den Studierenden über die Referendare bis hin zu den Lehrkräften niedriger werden (vgl. Tabelle 5).

Rechnet man einfaktorielle Varianzanalysen mit anschließenden post-hoc Analysen anhand des Scheffé-Tests, werden in 17 (von 48) Fällen signifikante Unterschiede zwischen den Einschätzungen der verschiedenen Gruppen deutlich (im Detail vgl. Tabelle 05). Dabei handelt es sich in neun Fällen um Unterschiede zwischen Studierenden und Lehrkräften und in acht Fällen zwischen Studierenden und Referendaren. Zwischen Referendaren und Lehrkräften wurden dagegen keine Unterschiede signifikant.

Im Fall des Berliner Modells unterscheiden sich die Einschätzungen von Studierenden und Lehrkräften bei den Subskalen *Inhalt* und *Praxisnähe* signifikant voneinander. Beim Hamburger Modell ist dies für die Einschätzungen von Studierenden im Vergleich mit Referendaren und Lehrkräften für die Subskalen *Inhalt, Verständlichkeit und Praxisnähe* der Fall. Betrachtet man das Perspektivenschema wurden signifikante Unterschiede zwischen Studierenden und Referendaren bei den Subskalen *Inhalt* und *Verständlichkeit* ermittelt. Und schließlich wurden im Fall des Eklektischen Modells bei der *Darstellung, Verständlichkeit* und *Praxisnähe* signifikante Unterschiede zwischen den Einschätzungen der Studierenden im Vergleich mit denen der Referendare und Lehrkräfte berechnet. Bei der Subskala *Inhalt* gilt dies lediglich für Unterschiede zwischen Studierenden und Lehrkräften.

Ein Blick auf die signifikanten Unterschiede innerhalb der Skalen zwischen den Einschätzungen von Studierenden und mindestens einer der beiden anderen Probandengruppen zeigt, dass diese auf der Subskala *Darstellung* in lediglich einem Fall auftreten, bei den Sub-

Tabelle 5: Ergebnisse der Modelleinschätzung der verschiedenen Probandengruppen

	Probanden-gruppe	Berliner Modell		Hamburger Modell		Perspektiven-schema		Eklektisches Modell	
		M	SD	M	SD	M	SD	M	SD
Darstellung	Studierende	3,60	.77	2,40	.84	3.24	1.00	4,03	.81
	Referendare	3,43	.76	2,44	.91	3,28	.75	**3,69**[1]	.69
	Lehrkräfte	3,46	.79	2,16	.93	3,30	.98	**3,74**[2]	.80
Inhalt	Studierende	3,31	.66	3,27	.72	3,87	.69	3,72	.75
	Referendare	3,31	.64	**2,95**[3]	.62	**3,51**[4]	.64	3,44	.60
	Lehrkräfte	**3,07**[5]	.79	**2,78**[6]	.79	3,73	.85	**3,47**[7]	.78
Verständ-lichkeit	Studierende	3,50	.74	2,87	.76	3,79	.79	3,91	.79
	Referendare	3,26	.65	**2,58**[8]	.85	**3,36**[9]	.70	**3,52**[10]	.68
	Lehrkräfte	3,30	.82	**2,44**[11]	.76	3,64	.91	**3,59**[12]	.78
Praxisnähe	Studierende	3,17	.79	2,79	.85	3,62	.88	3,86	.90
	Referendare	3,04	.92	**2,32**[13]	.84	3,31	.82	**3,53**[14]	.75
	Lehrkräfte	**2,89**[15]	.97	**2,39**[16]	.89	3,39	1.10	**3,56**[17]	.90

[1-16] **signifikante Unterschiede zur Einschätzung der Studierenden:**
[1](Scheffé = .018, F = 6.16, df = 313, p = .002); [2](Scheffé = .021, F = 6.16, df = 313, p = .002); [3](Scheffé = .011, F = 14.87, df = 327, p = .000); [4](Scheffé = .004, F = 5.77, df = 314, p = .003); [5](Scheffé = .022, F = 4,30, df = 349, p = .014); [6](Scheffé = .000, F = 14.87, df = 327, p = .000); [7](Scheffé = .045, F = 4.74, df = 313, p = .009); [8](Scheffé = .032, F = 10.96, df = 329, p = .000); [9](Scheffé = .003, F = 8.27, df = 313, p = .000); [10](Scheffé = .004, F = 8.27, df = 313, p = .000); [11](Scheffé = .000, F = 10.96, df = 329, p = .000); [12](Scheffé = .007, F = 8.27, df = 313, p = .000); [13](Scheffé = .001, F = 10.34, df = 326, p = .000); [14](Scheffé = .048, F = 5.02, df = 311, p = .007); [15](Scheffé = .045, F = 3.15, df = 348, p = .044); [16](Scheffé = .002, F = 10.34, df = 326, p = .000); [17](Scheffé = .034, F = 5.02, df = 311, p = .007)

skalen *Inhalt, Verständlichkeit und Praxisnähe* jedoch in jeweils fünf Fällen pro Skala. Die Einschätzung der Darstellung der Modelle scheint demzufolge – anders als die der anderen Skalen – kaum in Abhängigkeit zum Berufsstatus zu stehen. Letztlich ist noch erwähnenswert, dass bei der Subskala *Praxisnähe* das Berliner Modell und bei der Subskala *Inhalt* das Hamburger Modell die Unterschiede zwischen den Einschätzungen der Studierenden und mindestens einer der anderen Probandengruppen nicht nur signifikant unterschiedlich sind, sondern hier fallen die Mittelwerte im Vergleich zur Betrachtung der Gesamtstichprobe auch unter den rechnerischen Skalenmittelpunkt von M=3. Somit wird das Berliner Modell von Lehrkräften auf der Subskala *Praxisnähe* negativ bewertet. Das Hamburger Modell erreicht bei Referendaren und Lehrkräften auf der Subskala *Inhalt* keine zufriedenstellenden Werte mehr und wird somit von diesen auf allen vier Subskalen der Praktikabilität negativ bewertet.

Ausblick

Hält man sich vor Augen, dass Planungsmodelle nach den bisherigen Erkenntnissen als praxisfern und unpraktikabel pauschalisiert wurden, können mithilfe der Erkenntnisse der dargestellten Studien nun differenzierte Schlussfolgerungen gezogen werden: Didaktische Modelle werden – bis auf das Hamburger Modell – auf den Subskalen der Praktikabilität positiv eingeschätzt. Diese Einschätzung nimmt dabei von Studierenden zu Lehrkräften ab, bleibt aber bei allen Personengruppen positiv. Lehramtsstudierende können von den Modellen am meisten profitieren und diese sollten daher in der Ausbildung zurecht einen festen Platz haben.

Aufgrund dieser zielgruppenspezifischen Unterschiede stellt sich die Frage, ob es auch Modelle geben kann, die für erfahrene Lehrkräfte hilfreich sind. Während bisherige Modelle wertneutral mögliche Bestandteile von Unterricht und zu tätigende Planungsschritte beinhalten, könnten „Modelle für Fortgeschrittene" den Aspekt von Unterrichtsqualität enthalten: Was sind die Bestandteile guten Unterrichts und worauf muss man bei der Planung und Umsetzung achten? Und wie könnte es eine qualitative Steigerung des Unterrichts erfahrener Lehrkräfte durch die Unterstützung anders ausgerichteter Modelle geben? Beispielsweise könnten die Studien von John Hattie (2013) und Andreas Helmke (2014) herangezogen und mit den didaktischen Modellen verknüpft werden.

Die besten Ergebnisse im Modellvergleich hat insgesamt das Eklektische Modell erzielt. Dieses Modell ist laut Zierer (2012, 2013) als ein integratives Modell zu verstehen und fußt auf den Überlegungen von Ken Wilber (2000), wonach jede wahre „Theorie" mit konkurrierenden „Theorien" auf einen gemeinsamen Nenner gebracht werden kann. Insofern greift das Eklektische Modell Kernelemente anderer Modelle auf, tritt damit den ausufernden Separierungen und Wucherungen (vgl. Kuhn, 1976) didaktischer Modellbildung entgegen und bietet so eine Art „Orientierungs-Verallgemeinerung" (Wilber, 2002, S. 487). Die guten Ergebnisse des Modells bestärken diese Vorgehensweise, so dass dieser Ansatz weiterzuverfolgen und das Modell durchaus noch weiter zu verfeinern ist. Die Ergebnisse aus den vorgestellten Studien liefern hier Hinweise, in welchen Bereichen dies aus Sicht von Studierenden, Referendaren und Lehrkräften nötig ist.

Zu guter Letzt darf ein kritischer Blick auf das eigene Vorgehen nicht fehlen. So ist darauf hinzuweisen, dass die dargestellten Studien, wie jede andere Studie auch, methodische Limitationen beinhalten: Der Fokus auf den praktischen Nutzen der Modelle bei der Unterrichtsplanung lässt beispielsweise die Analyse von Unterricht außer Acht. Zudem werden die didaktischen Theorien bei der Überprüfung auf ihre Abbildungen reduziert, was unter Umständen zu Verkürzungen führen kann – ein Problem des allgemeindidaktischen Diskurses generell, stammt das Wissen über allgemeindidaktische Modelle von Studierenden, Referendaren, Lehrkräften und auch Dozenten häufig aus komprimierten Darstellungen in Übersichtswerken, wohingegen die ausführlichen Originale von Heimann, Schulz und Klafki kaum noch jemand gelesen hat. Und schließlich ist in den Blick zu nehmen, dass die Modelle in den angeführten Studien nicht im tatsächlichen Einsatz überprüft wurden. Die untersuchten Personen waren aufgefordert, gedanklich einen Planungsversuch zu unternehmen. Eine Überprüfung im Planungsprozess, mit einer anschließenden Untersuchung der erstellten Planungsunterlagen und Evaluation des Unterrichts, so dass neben einer subjektiven Einschätzung der Nützlichkeit auch eine objektive Überprüfung in Bezug auf die Qualität der Planungen und die Qualität des Unterrichts möglich wäre, bleibt weiterhin ein Desiderat, welches in Folgestudien im EEPAD-Projekt in Angriff genommen wird. Die Forschung zu didaktischen Planungsmodellen ist an dieser Stelle folglich nicht beendet. Vielmehr bieten die hier gewonnenen Erkenntnisse Möglichkeiten für weitere Forschungsansätze.

---

1 *Wernke, Stephan; Werner, Jochen; Zierer, Klaus: Heimann, Schulz oder Klafki? Eine quantitative Studie zur Einschätzung der Praktikabilität allgemeindidaktischer Planungsmodelle - In: Zeitschrift für Pädagogik 61 (2015) 3, S. 429-451*

Checkliste

Zentrale Begriffe, die Sie kennen sollten!

- Skala „Praktikabilität"

- Subskala „Darstellung"

- Subskala „Inhalt"

- Subskala „Verständlichkeit"

- Subskala „Praxisnähe"

Aufgaben

Testen Sie Ihr Können!

- Niveau 1: Beschreiben Sie die Skala „Praktikabilität von Unterrichtstheorien" anhand von vier Subskalen.

- Niveau 2: Erläutern Sie Stärken und Schwächen des Berliner Modells, des Hamburger Modells, des Perspektivenschemas und der eklektischen Didaktik.

- Niveau 3: Reflektieren Sie die unterschiedliche Einschätzung der Praktikabilität von Unterrichtstheorien durch Studierende, Referendare und Lehrkräfte.

Literatur

Albrecht, M.: Eklektik, Stuttgart 1994.

Arnold, K-H./Zierer, K. (Hrsg.): Die deutsche Didaktik-
Tradition. Grundlagentexte zu den großen Modellen der Unterrichtsplanung. Bad Heilbrunn 2015.

Bromme, R.: Die alltägliche Unterrichtsvorbereitung von Mathematiklehrern. Zu eigenen Methoden und Ergebnissen einer Untersuchung des Denkprozesses. Unterrichtswissenschaft (2), 142-156 1980.

Cube, F. v.: Erziehungswissenschaft. Möglichkeiten , Grenzen, politischer Mißbrauch. Stuttgart 1977.

Cube, F. v.: Die kybernetisch-informationstheoretische Didaktik. In: Westermanns Pädagogische Beiträge,32. Jg., 1980, H. 3, S. 121-124.

Flechsig, K.-H.:: Didaktisches Design – Neue Mode oder neues Entwicklungsstadium der Didaktik, Göttingen: Institut für Interkulturelle Didaktik 1987.

Flechsig, K.-H.: Kleines Handbuch didaktischer Modelle. Nörten-Hardenberg: Zentrum für didaktische Studien e.V. 1991.

Frank, H.: Kybernetische Grundlagen der Pädagogik. Stuttgart u. a. 1971.

Frank, N.: Intelligenz, Sozialschicht und Schulerfolg. Aachen 2012.

Früh, W.: Inhaltsanalyse: Theorie und Praxis. Konstanz: UVK-Medien 2007.

Giesecke, H.: Mein Leben ist lernen, Weinheim: Juventa 2000.

Haas, A.: Unterrichtsplanung im Alltag von Lehrerinnen und Lehrern. In A. A. Huber (Hrsg.), Vom Wissen zum Handeln. Ansätze zur Überwindung der Theorie-Praxis-Kluft in Schule und Erwachsenenbildung (S. 5-19). Tübingen: Ingeborg Huber Verlag 2005.

Hattie, J.: Lernen sichtbar machen. Deutschsprachige Ausgabe von „Visible Learning" besorgt von Wolfgang Beywl und Klaus Zierer. Baltmannsweiler: Schneider Verlag Hohengehren 2013.

Heimann, P./Otto, G./Schulz, W.: Unterricht. Analyse und Planung. Hannover 1979.

Helmke, A.: Unterrichtsqualität und Lehrerprofessionalität. Diagnose, Evaluation und Verbesserung des Unterrichts. Seelze: Klett-Kallmeyer 2014.

Holsti, O. R.: Content Analysis for the Social Sciences and Humanities. Reading, Mass.: Addison- Wesley 1969.

Jank, W. & Meyer, H.: Didaktische Modelle. Berlin 2002.

Kahlert, J. / Zierer, K.: Didaktische Entwicklungsforschung aus Sicht der pragmatischen Entwicklungsarbeit, zusammen mit Joachim Kahlert, in: Einsiedler, W. (Hrsg.): Unterrichtsentwicklung und Didaktische Entwicklungsforschung, Bad Heilbrunn: Klinkhardt, S. 71 – 87 2011.

Kant, I: Kritik der reinen Vernunft. Hamburg 1990.

Kiel, E. & Zierer, K.: Die Allgemeine Didaktik ist tot! Es lebe die Allgemeine Didaktik! Vierteljahrsschrift für wissenschaftliche Pädagogik, 2, 303–321 2011.

Klafki, W.: Didaktische Analyse als Kern der Unterrichtsvorbereitung. In: Die Deutsche Schule, H. 10, 1958, S. 450 – 471.

Klafki, W.: Neue Studien zur Bildungstheorie und Didaktik. Weinheim-Basel 1985.

Kron, F. W.: Grundwissen Didaktik. München 2008.

Kron, F. W.: Grundwissen Didaktik, 5. Auflage, München: Reinhardt 2008.

Kuhn, T. S.: Die Struktur wissenschaftlicher Revolutionen. Frankfurt a. M.: Suhrkamp 1976.

Lorenz, K: Die Rückseite des Spiegels. Versuch einer Naturgeschichte menschlichen Erkennens. München 1979.

Maturana, H. R./Varela, F. J.: Der Baum der Erkenntnis. Die biologischen Wurzeln menschlichen Erkennens. Bern-München 1987.

Meyer, M. A. & Meyer, H.: Totgesagte leben länger! Oder: Hat es in der Allgemeinen Didaktik einen Erkenntnisfortschritt gegeben? In B. Wischer (Hrsg.), Erziehungswissenschaft auf dem Prüfstand. Schulbezogene Forschung und Theoriebildung von 1970 bis heute (S. 97-128). Weinheim: Juventa 2009.

Peterßen, W. H.: Lehrbuch Allgemeine Didaktik. München u. a. 2001

Piaget, J.: Die Psychologie der Intelligenz. München 1976.

Pinel, J.P./Pauli, P. (Hrsg.): Biopsychologie. München-Boston u. a. 2007.

Reynolds, B.: Embracing Reality – The Integral Vision of Ken Wilber, New York: Tarcher 2004.

Rothland, M.: Wiederbelebung einer Totgesagten. Anmerkungen zur Reanimation der Allgemeinen Didaktik. Zeitschrift für Erziehungswissenschaft, 16 (3), 629-645 2013.

Schopenhauer, A: Die Welt als Wille und Vorstellung, Bd. 1, §1. Leipzig 1844.

Schulz, W.: Ein Hamburger Modell in der Unterrichtsplanung. Seine Funktionen in der Alltagspraxis. In: Adl-Amini, B./Künzli, R. (Hrsg.): Didaktische Modelle und Unterrichtsplanung. München 1980a.

Schulz, W.: Unterrichtsplanung. München u. a. 1980b.

Schwab, J.: Science, curriculum, and liberal education, Chicago: University of Chicago 1978.

Seel, N.M. & Zierer, K.: General Didactics and Instructional Design: Living in Parallel Worlds. In K.-H. Arnold et al. (Hrsg.): Jahrbuch für Allgemeine Didaktik 2012, S. 77-107. Baltmannsweiler 2012.

Seel, N. M.: Instruktionsdesign: Modelle und Anwendungsgebiete, in: Unterrichtswissenschaft, Heft 1, S. 2 – 11 1999.

Strauß, G./ Haß, U. / Harras, G. (Hrsg.): Brisante Wörter von Agitation bis Zeitgeist – Ein Lexikon zum öffentlichen Sprachgebrauch, Berlin: de Gruyter 1989.

Tebrügge, A.: Unterrichtsplanung zwischen didaktischen Ansprüchen und alltäglicher Berufsanforderung. Frankfurt a. M.: Peter Lang 2001.

Tellings, A.: Eclecticism and Integration in educational Theories – A metatheoretical Analysis, in: Educational Theory, Nr. 3, S. 277 – 292 2001.

Terhart, E.: Allgemeine Didaktik: Traditionen, Neuanfänge, Herausforderungen. In M. Meyer, M. Prenzel, & S. Hellekamps (Hrsg.) . Perspektiven der Didaktik. Zeitschrift für Erziehungswissenschaft, Sonderheft 9/2008. Wiesbaden: VS Verlag 2008.

Terhart, E.: Didaktik – Eine Einführung. Stuttgart: Reclam 2009.

Wilber, K.: Eros, Kosmos, Logos – Eine Jahrtausend-Vision, 3. Auflage, Frankfurt am Main: Fischer 2002.

Wilpert, G.v.: Sachwörterbuch der Literatur, 8. Auflage, Stuttgart: Kröner. Brockhaus (1997): Die Enzyklopädie. 24 Bände. Leipzig: Brockhaus 2001.

Vester, F. Denken; Lernen, Vergessen. München 2001.

Zierer, K.: Eklektik in der Pädagogik. Grundzüge einer gängigen Methode. Zeitschrift für Pädagogik, 55 (6), 2009, S. 928–944.

Zierer, K. & Saalfrank, W.–T.: Pädagogik der Antike. Paderborn 2012.

Zierer, K. & Wernke, S.: Völlig unbrauchbar?! Zur Praktikabilität allgemeindidaktischer Modelle – Ergebnisse einer qualitativen Studie. Pädagogische Rundschau, 67 (2), 2013, S. 143-160.

Zierer, K.: Studien zur Allgemeinen Didaktik, Baltmannsweiler: Schneider Verlag Hohengehren 2012.

Zierer, K. / Seel, N.M.: General Didactics and Instructional Design: Eyes like twins?, in: SpringerPlus, 2012, 1:15 (highly accessed) 2012.

Zierer, K. / Saalfrank, W.-T. (Hrsg.): Zeitgemäße Klassiker der Pädagogik, Paderborn: Schöningh 2010.

Titelbild: Fotolia - Cherries